CONTROL THE GAME

die Macht der Manipulation und Manipulationstechniken

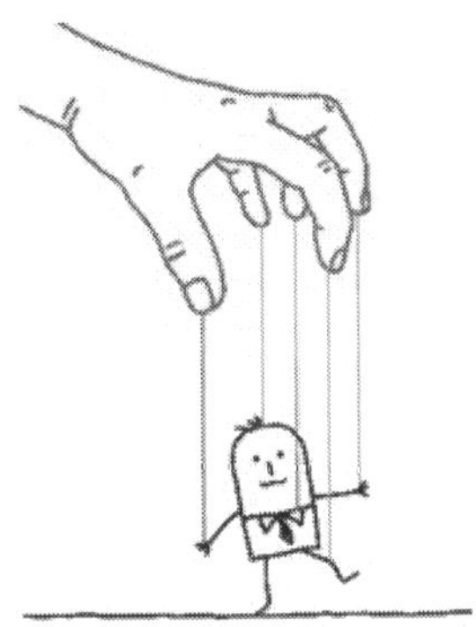

Wie Sie Menschen lesen und gezielt beeinflussen
(*Manipulation, Rhetorik & Psychologie*)

Michael Bergmeier

1. Auflage
Michael Bergmeier

Druck und Auslieferung: Amazon.de / Independently published

ISBN: 978-3-96709-022-2

Inhalt

Vorwort

Liebe Leserin, lieber Leser, bevor wir zum eigentlichen Thema kommen, möchte ich Ihnen kurz etwas über mich erzählen.

Mein Name ist **Michael Bergmeier**, ich bin von Beruf Geschäftsführer und habe mein Hobby, das Schreiben, zum Beruf gemacht.

Zu Anfang meiner Karriere habe ich mir folgende Frage gestellt: Wie schaffen es diese wahnsinnig charismatischen Menschen, beinahe spielend leicht ein erfolgreiches und erfülltes Leben zu führen?

Ich habe damals gerade meine Ausbildung beendet und war auf der Suche nach einem spannenden Job. Voller Enthusiasmus wollte ich in mein neues und natürlich erfolgreiches Leben starten. Was konnte mich schon aufhalten?

Damals war mir nicht bewusst, wie schwierig sich der Erfolg gestalten würde. Ich wollte keinen „08/15-Job“, sondern hoch hinauskommen. Ich stellte mir vor, die Karriereleiter im Nu zu erklimmen, ein Leben ohne Geldsorgen zu führen und in kürzester Zeit ganz oben anzukommen. Doch bevor ich das alles bekam, musste ich erst einmal die Realität erkennen und das Beste daraus machen.

Meine Jobfindungsphase war schwierig, obwohl ich meine Ausbildung äußerst erfolgreich absolvierte. Die erste Erfahrung, die ich hierbei sammelte war, dass offensichtlich kein Personaler auf mich wartete. Das obligatorische „wir melden uns“ hörte ich leider ziemlich häufig. Irgendwann klappte es dann doch mit meinem ersten Job. Zugegeben, es war nicht ganz der Berufseinstieg, den ich suchte, aber die Stelle war ganz in Ordnung und ziemlich gut bezahlt. Jetzt lag es an mir, mich weiter hochzuarbeiten.

Mein Chef und meine Kollegen erkannten schnell, dass ich ein ehrgeiziger, junger Mensch voller Ambitionen war. So startete ich mit deren Hilfe schnell durch und durfte viele Weiterbildungen belegen sowie nützliche Erfahrungen sammeln.

Der Jobeinstieg war geschafft, ich wurde sogar befördert, doch das hat mir nicht ausgereicht. Ich bemerkte, wie manche meiner Schulfreunde eine Spitzenkarriere hinlegten, durch die Welt reisten und einfach nur extrem erfolgreich waren.

Das war der Punkt, an dem ich feststellte, dass ich bis jetzt keiner dieser Überflieger war, der charismatisch agiert und Menschen spielend für sich gewinnen kann. Ich wusste an dieser Stelle nur eines, nämlich dass ich aber genau so ein Mensch sein wollte! So erinnerte ich mich daran, welche Träume, Wünsche und Hoffnungen ich anfangs hatte und verglich meinen aktuellen Stand. Die Abweichungen waren erheblich zwischen Ist und Soll, dennoch wusste ich, dass mein Potenzial vorhanden war und nur ausgeschöpft werden musste.

Dank meiner Selbstreflektion legte ich mir nun endlich Ziele fest und erkannte, dass es der nachhaltigste Weg ist, um in die ersehnte Lebensposition zu gelangen, wenn ich Menschen dafür sensibilisiere, mich zu unterstützen. Ich beschloss für mich, dass ich das schaffe. Ich musste nur herausfinden, wie man Menschen für sich gewinnt. Damit mir das gelingt, las ich unzählige Bücher, belegte viele Kurse und schaute mir so einiges bei meinen Vorgesetzten ab.

Der Faktor Mensch in unserem sozialen Gefüge ist der wichtigste Indikator, der dabei hilft die eigenen Ziele zu erreichen. Das war der Start für mein neues Leben!

Mittlerweile bin ich Ende 30 und als erfolgsreicher Geschäftsführer tätig. Ich trage Verantwortung, organisiere sämtliche Geschäftsprozesse und liebe meinen Job. Tagtäglich stellen sich neue Herausforderungen, die ich mit Leidenschaft annehme und bewältige. Auch meine Menschenkenntnis wird jeden einzelnen Arbeitstag aufs Neue gefordert. So kann ich mich stetig weiterentwickeln und meine Fähigkeiten sowie den geschickten Umgang mit Menschen schulen.

Heutzutage lebe ich meinen Traum und bin nicht nur glücklich, sondern auch erfolgreich. Dank einer Vielzahl von Menschen, die mich unterstützt haben und immer noch unterstützen, habe ich es weit geschafft. Wie habe ich das geschafft? Durch eine ungeschönte Auseinandersetzung meiner eigenen Schwächen sowie der stetigen Optimierung dieser. Auch dank eines geschulten Umgangs mit Menschen, den ich mir über all die Jahre erlernte. Genau das sind die Erfolgsgeheimnisse, denn Menschen, die gut mit anderen umgehen und diese beeinflussen können, bringen es meist viel weiter als solche, die sich schwer tun mit dem sozialen Miteinander. Doch auch „Einzelgänger" und Anfänger können lernen, geschickt mit Menschen umzugehen, sie zu verstehen und zu lenken.

Manipulation und psychologische Handlungsweisen können angeeignet werden. Wenn Sie sich nun in einer ähnlichen Situation, wie ich einst gewesen bin, befinden, verschenken Sie nicht Ihre kostbare Zeit mit sinnloser Lethargie. Ich habe Ihnen hiermit einen detaillierten Ratgeber erschaffen, damit Sie die Kunst der Manipulation sinnvoll und erfolgreich anwenden und Ihre Potenziale dadurch voll ausschöpfen können. Außerdem lernen Sie, Manipulation schnell zu erkennen und sich effektiv vor ihr schützen. Wie genau das funktioniert, erkläre ich Ihnen in meinem Buch.

Profitieren Sie durch meine Erfahrungen und erlernen Sie ganz einfach die Kunst der Manipulation dank vieler praktischer Beispiele und vorgestellter Techniken.

Einleitung

Manipulation und auch die Psychologie mit ihren verschiedenen Ansätzen werden immer wieder mit einer Art der schwarzen Rhetorik verglichen. Es gibt Menschen, die spielend einfach manipulieren können, ohne sich dessen überhaupt bewusst zu sein. Nicht jeder Mensch beherrscht jedoch diese Kunst, die von Haus aus zu Erfolg und beruflichem Aufstieg führen kann. Die gute Nachricht ist, dass diese Kunst mit allen Facetten erlernt werden kann. Eine gewisse unvoreingenommene Offenheit muss jedoch bei jedem Einzelnen gegeben sein, um das Erlernen der unterschiedlichen Manipulationstechniken und Strategien vorzunehmen. Das bildet die Grundlage, um Menschen für sich zu gewinnen und Situationen im eigenen Sinne zu beeinflussen. Jeder kann ein Überflieger werden! Sie müssen sich und Ihre Verhaltensweisen nur clever ausrichten, die korrekten Handlungen ausführen und bei sich bleiben.

Im nachfolgenden Ratgeber erhalten Sie einen komplexen Leitfaden zum Thema der Manipulation und Psychologie. Sie werden hierzu durch verschiedene wichtige Themengebiete geführt und mit allen relevanten

Techniken und Anwendungsmöglichkeiten konfrontiert. Wichtig ist hierbei jedoch, dass Sie dazu Willens sind, sich von alten Gewohnheiten zu trennen, um den Weg für neue erfolgreiche Verhaltensweisen zu öffnen.

Erfolg fängt bei Ihnen selbst an und überträgt sich durch die passenden Handlungen auf Ihr Umfeld, das Sie zunehmend anders wahrnehmen wird. Zudem können Sie sich mit einer fundierten Kenntnis der Manipulation und psychologischen Interaktionspotenzialen vor den Einflüssen anderer Menschen schützen. Bedenken Sie, dass Sie ein erfolgreiches und erfüllendes Leben führen möchten. Wenn Sie jemanden im beruflichen oder privaten Leben unterstützen, so sollte das aus eigenen Ambitionen heraus geschehen.

Sie sind keine Marionette, Sie sind der Strippenzieher.

1

Was versteht man eigentlich unter Manipulation?

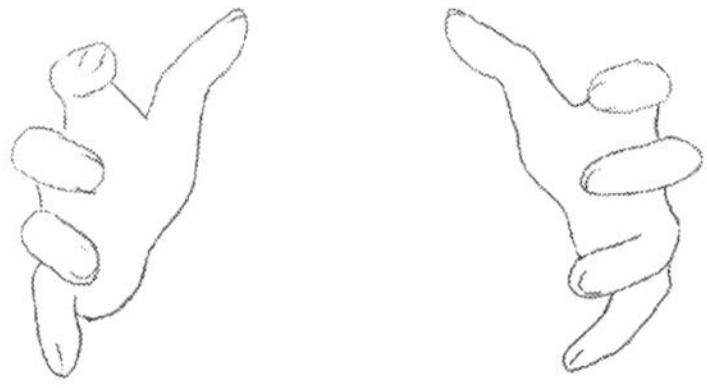

Was versteht man eigentlich unter Manipulation?

Die Bezeichnung des Wortes Manipulation leitet sich aus dem lateinischen Begriff „manus" ab. Die grundlegende Bedeutung hierhinter ist wiederum eine Ableitung aus dem Verständnis „die Hand füllen". Verstanden wird der Begriff folglich als eine Form der Handlung, die in die eigene Hand genommen wird, um etwas beziehungsweise jemanden in die gewollte Richtung zu lenken. Diese rein sachliche Schilderung des Begriffs beinhaltet im Grundverständnis jedes Einzelnen jedoch wesentlich mehr Sichtweisen, Ansatzpunkte und Vorgehensweisen. Auch sind die persönlichen Wertungen und individuellen Bedeutungen, die sich hieraus ableiten lassen, in Summe als vollkommen differenzierend zu verstehen und auch als solches zu werten.

Mannigfaltige Verständnisse bzw. Auslegungen des Begriffs der Manipulation

Rein sachlich betrachtet verfolgt die Manipulation Techniken und Handhabungen, die dabei unterstützen sollen, Blockierungen eines Menschen zu lösen, um bestimmte Handlungsrichtungen zu forcieren. Aufgrund der exponentiellen Verwendung des Begriffs in ganz verschiedenen thematischen Bereichen lassen sich auch vollkommen unterschiedliche Verständnisse hieraus ableiten. Manipulation wird zum Beispiel sehr gern und vor allem häufig in der Politik, der Soziologie oder auch in der Psychologie genutzt. Hieraus ergibt sich jedoch ein klarer Unterschied zwischen der sogenannten sozialen Einflussnahme, die im Regelfall ganz automatisch erfolgt, und dem direkten Vergleich zur Manipulation. Die Manipulation wird unter diesem Begriffsverständnis als eine gezielte Einflussnahme verstanden.

Eine gezielte Einflussnahme soll, zumindest so die positive Bewertung, auch zu einem positiven Ergebnis führen und verfolgt somit eigentlich einen rein positiven Zweck. Da die hiermit einhergehenden Veränderungen jedoch von außen künstlich herbeigeführt werden und nicht auf einer inneren Einstellung, Programmierung oder gar bestehenden Überzeugungen basieren, empfinden Menschen Manipulationen mitunter sogar als negativ und fürchten sich davor. Wer möchte sich schon gern gezielt von außen verändern lassen und gegebenenfalls eine Marionette sein? Die Empfindungen, die mit der Manipulation zunächst verbunden sind, beruhen häufig auf negativen Assoziationen, denn der Mensch tritt in diesem Zuge nicht als selbstbestimmt auf und die Selbstbestimmtheit gilt es doch zu beschützen, oder?

Diese Bewertung beziehungsweise diese geschilderten Ängste, die mit dem Wort Manipulation in Verbindung gebracht werden, sind sicherlich auch nicht vollkommen abwegig. Man stelle sich einmal vor, dass Menschen mit nicht integren Zielen, Absichten, Gesinnungen oder Charakteren andere Menschen dazu bewegen, Handlungen vorzunehmen, die sie so nicht vornehmen möchten. Das Potenzial für Schäden wäre immens in solchen Konstellationen.

Aufgrund dessen ist es von fundamentaler Bedeutung, Menschen mit einem solchen negativen Antrieb zu meiden und sich, ganz wichtig, von ihnen nicht beeinflussen zu lassen.

Die bewusste und die unbewusste Manipulation

Manipulation kann viele Gesichter haben. Die Zwecke können gut oder negativ sein. Doch geschieht Manipulation immer bewusst? Diese Frage muss eindeutig verneint werden, denn aufgrund der vielen Facetten der Manipulation können einige Menschen auch vollkommen unterbewusst manipulieren, ganz ohne, dass sie es selbst von sich merken würden. Die Gründe können auch hierfür ganz unterschiedlich sein, wie ein erlerntes Verhalten in der Kindheit, dass von den Eltern adaptiert wurde und sich unterbewusst in den Handlungen des späteren Erwachsenen ganz natürlich integriert haben, ohne böse Absichten.

Manipulationen aufgrund von psychologischen Auffälligkeiten

In den vergangenen Jahrzehnten erfolgte eine zunehmende Auseinandersetzung mit einzelnen Persönlichkeitsstörungen bei Menschen, die nicht nur zu einer Art mentalem Selbstverletzungsverhalten der Betroffenen führt, sondern auch auf die Umgebung aktiv einwirkt. So ist beispielsweise bekannt, dass Menschen mit einer Borderlinestörung, narzisstischen oder soziopathischen Verhaltensweisen sowie machiavellistischen oder psychopathischen Tendenzen zu manipulierendem Verhalten der Umwelt neigen. Sollten Sie nun der Meinung sein, mit solchen exotischen Besonderheiten der Persönlichkeitsstörungen beruflich nicht tangiert zu werden, dann irren Sie sich vermutlich sehr stark. Bedenken Sie, dass Menschen mit bestehenden psychischen Beeinträchtigungen sowie Auffälligkeiten nicht zwingend auch im schulmedizinischen Sinne arbeitsunfähig sind. Die Betroffenen gehen häufig normalen Tätigkeiten nach und treten als „normale" Arbeitskollegen und Mitarbeiter auf. Zudem gibt es einige Krankheitsbilder der psychologischen Auffälligkeiten wie den Narzissmus, der nur bei einem geringen Anteil der Betroffenen auch tatsächlich diagnostiziert ist. Um sich hierbei vor Menschen zu schützen, die aus einem bestehenden Krankheitsbild heraus entweder bewusst oder unbewusst manipulieren, sollten Sie sich eine fundierte Handlungs- und Fachkompetenz aneignen, um zu vermeiden, manipuliert zu werden. Vergessen Sie nicht, dass Sie derjenige sind, der sein Leben erfolgreich kreieren möchte und nicht dritte Personen von außen.

Neben erlernten Verhaltensweisen, die aufgrund einer mentalen Programmierung stattfinden oder durch eine bestehende Persönlichkeitsstörung auftreten, können jedoch auch gezielte und erlernte Techniken die Grundlage für Manipulationen sein. Um gezielt zu manipulieren, benötigen Menschen jedoch ein gewisses Geschick und Handwerkszeug, das erlernt werden kann und Bereiche tangiert wie Kommunikations- und Fragetechniken oder auch die Neurolinguistische Programmierung.

Schutz vor Täuschung und Manipulation

Der beste Schutz vor Täuschungen und Manipulationen ist das Wissen darüber. Eine selbstreflektierte Wahrnehmung des Gegenübers sowie bestimmter Situationen kann vor einer ungewollten Einflussnahme schützen. Doch hierzu sollten Sie sich mit der Thematik auseinandersetzen und sich vor allem Kompetenzen aneignen.

Stellen Sie sich doch einmal die Frage: Gab es in Ihrem Leben einmal die Situation, dass Sie sich manipuliert vorkamen und nicht freiwillig in Ihrem eigenen Sinne gehandelt haben?

Sollten Sie diese Frage mit einem Ja beantworten, so hinterfragen Sie für sich ganz genau die Situation und was Sie hierzu geführt hat. Nur auf diese Weise können Sie sich vor fremden Einflussnahmen schützen. Hinzukommt, dass Sie parallel erkennen werden, welche Situationen und Aktionen dazu führen, dass Sie abweichend von Ihrem eigentlichen Verhaltensbild Handlungen verrichten. Sie werden sich im Zuge dessen mit sich selbst und Ihren eigenen Einstellungen und Werten auseinandersetzen. Die hierdurch erzielte Selbsterkenntnis ist der wahre Weg zu einem besseren und effektiveren Selbst.

2

Warum ist die Suggestion so machtvoll?

Um zu erkennen, weshalb die Suggestion im Rahmen der Verhaltensänderung, Verhaltenstherapie oder auch der Manipulation in der Psychologie solch ein enormes Interesse geschenkt wird, müssen Sie zunächst erkennen, was die Suggestion in Summe überhaupt genau darstellt und in welche einzelnen Teilbereiche die Wissenschaft die Suggestion untergliedert.

Im nachfolgenden Abschnitt erhalten Sie einen Überblick über diese Thematik.

Die Suggestion – die Begriffsbestimmung

Die Suggestion, abgeleitet von dem Wort „suggerieren", bezeichnet eine Vorgehensweise, mit der ein Individuum beeinflusst wird. Wenn Sie sich nun vorstellen, wie eine mögliche Beeinflussung stattfinden kann, fällt Ihnen sicher schnell auf, dass Menschen entweder von außen durch einen externen Dritten bzw. der Umwelt oder durch sich selbst beeinflusst werden können. In der Praxis werden hierfür die Fachbegriffe Heterosuggestion und Autosuggestion verwendet. Die Autosuggestion beschreibt explizit die Selbstbeeinflussung des Menschen, währenddessen die Heterosuggestion sich mit der Beeinflussung durch andere Personen beschäftigt. Beide Teilbereiche sind in ihrem Wirken unterschiedlich und es bedarf umfangreiche Kompetenzen, um sie zielführend einzusetzen.

Die Heterosuggestion – die Beeinflussung von außen

Unabhängig davon, ob Sie sich im Berufsleben, in der Partnerschaft, zu Hause bei Ihren Eltern oder in der Interaktion mit Ihren Kindern befinden, Sie werden zu jedem Zeitpunkt durch vollkommen unterschiedliche Arten der Interaktion beeinflusst. Grundsätzlich gibt es in der allgemeinen Kommunikation mit Menschen kaum eine Verständigung, in der keine suggestiven Elemente enthalten sind. In Gesprächen und Interaktionen vollziehen sich ständig Beeinflussungen, die nicht immer bewusst abgehandelt, jedoch von jedem Individuum zumindest unterbewusst wahrgenommen werden. Hierbei versteht die Wissenschaft mitunter die verbale Kommunikation, die Intonation der Stimme, aber auch nonverbale Kommunikationselemente. Kein Mensch kann nicht nicht-kommunizieren! Der Grad der Beeinflussung ist in diesem Kontext mitunter auch nicht zwingend nachprüfbar oder einfach wahrzunehmen, jedoch ist die Beeinflussung gegeben.

Eine sehr gezielte Möglichkeit, um Beeinflussungen eines Individuums von außen herbeizuführen, ist die Verbindung aus der Hypnose, die direkt auf das Unterbewusstsein des Menschen abzielt sowie der Suggestion. Hierdurch kann klar pointiert ein hypnotischer Bewusstseinszustand erzielt werden, der die Annahme einer Suggestion fördert. Dieser Prozess ist dadurch zu erklären, dass die Konzentrationsleistung in einem hypnotischen Bewusstseinszustand exponentiell gesteigert ist. Zudem ist parallel vermutlich die Wahrnehmungsbreite maximiert sowie die bestehenden Kontrollmechanismen eingeschränkt. Das führt in Summe dazu, dass der Mensch in der Folge dieser Abhandlungen zukünftig gewünschte Verhaltensänderungen vornehmen wird ohne, dass sich diese Verhaltensänderungen künstlich herbeigeführt für den Betroffenen anfühlen.

Ein hypnotischer Ansatz kann für viele ganz unterschiedliche Themenbereiche im Leben eingesetzt werden. Ein typisches Beispiel ist sicherlich die Rauchentwöhnung. Diese Form der Behandlung kann jedoch auch für viele andere Lebensbereiche genutzt werden.

Die Autosuggestion – die nachhaltige Selbstbeeinflussung

Die Autosuggestion ist eine beliebte Form der nachhaltigen Selbstbeeinflussung, die auf das Unterbewusstsein abzielt. Es können hierdurch beispielsweise Selbstheilungskräfte sensibilisiert werden, die dabei helfen, von innen heraus die Psyche sowie die Gesundheit positiv zu beeinflussen.

Autosuggestion wirkt durch Wiederholung. Hierzu sollten Sie sich zunächst Ihr genaues Ziel vorstellen, dass Sie erreichen möchten, und es für sich ganz plakativ verbildlichen. Stellen Sie sich hierzu relevante Phrasen vor und führen Sie sich diese entsprechenden Themen immer wieder auch bildhaft vor Augen.

Die Formulierung der Phrasen ist von einer immensen Wichtigkeit, denn Sie müssen Ihren eigenen Worten auch selber Glauben schenken können. Stellen Sie sich vor, Sie sollten ein Handlungsthema in Ihren Alltag integrieren, hinter dem Sie nicht vollkommen stehen. Das würde nicht funktionieren. Bedenken Sie aufgrund dessen, dass die Aussagen authentisch für Sie selber sein müssen, andernfalls kann Ihr Unterbewusstsein nicht effektiv beeinflusst werden. Ein wichtiges Beispiel hierfür ist Ihre bestehende Unfähigkeit, sich in einem kranken Gesundheitszustand den Satz „Ich bin vollkommen gesund und fit." vorzustellen. Ein besserer Ansatz in diesem Kontext wäre der Ausspruch: „Mir geht es von Woche zu Woche besser." Ein weiterer Aspekt, den Sie hierbei bedenken sollten, ist, dass das Unterbewusstsein automatisch durch Wiederholungen lernt. Wiederholen Sie folglich diesen Satz immer und immer wieder! Somit verinnerlichen Sie die Aussage und können es in Ihrem Unterbewusstsein verankern. Ein gerne genutzter Tipp ist eine parallele Verbildlichung eines solchen Satzes. Das können Sie ganz simpel umsetzen indem Sie den gewünschten Satz einfach auf Karten schreiben und in Ihrer näheren Umgebung aufhängen. Somit werden Sie kontinuierlich mit dem Satz konfrontiert und verinnerlichen ihn ganz automatisch.

Die Autosuggestion wird in der Wissenschaft in verschiedene Felder aufgeteilt. Man unterscheidet hierbei vier Leitsätze der tangierten Themen:

- Stärkung des Selbstwertgefühls
- Erreichung der eigenen Ziele
- Überwinden von Schlafproblemen
- Verbesserung des zwischenmenschlichen Umgangs mit anderen

Um Probleme zu überwinden, hilft es oftmals schon, einfach eine andere Perspektive einzunehmen und nicht zu engstirnig nur von einer Seite ein Problem zu bewerten. Anstatt Sätze wie „Das kann ich auf keinen Fall“ zu nutzen, ist es zielführender, Sätze wie „Das kann ich daraus lernen“ zu verwenden. Auch die Nutzung des Konjunktivs im Rahmen der Autosuggestion ist nicht förderlich.

Die Suggestion nimmt in der Psychologie einen immer größeren Stellenwert ein. Insbesondere zur Umprogrammierung eigener Verhaltensaspekte ist sie ein unschätzbarer Helfer auf dem Weg zum beruflichen oder auch persönlichen Erfolg. Wichtig hierfür ist zwischen möglichen Handlungsfeldern der Heterosuggestion sowie der Autosuggestion zu unterscheiden, um nachhaltige Verhaltensänderungen in das persönliche Leben zu integrieren.

Die Heterosuggestion zielt im Rahmen der Suggestion auf die Beeinflussung von außen ab, die auch durchaus durch Hypnosemaßnahmen initiiert werden kann und klar pointiert im Unterbewusstsein arbeitet. Autosuggestive Maßnahmen reflektieren in ihrem Kern auf eine mentale Eigenprogrammierung, die Verhaltensänderungen ganz natürlich in die eigenen Handlungsweisen implementieren. Da die Aktions- und Handlungsweisen eines Menschen nachweislich in den ersten Lebensjahren durch die persönliche Sozialisierung programmiert werden, ist es in den darauffolgenden Lebensjahren schwieriger, störende Ansätze, die Sie vom Erfolg fernhalten, zu eliminieren bzw. zu modifizieren. Die Suggestion bietet hierfür machtvolle Werkzeuge, die Sie persönlich weiterbringen.

3

Manipulation & Moral, Freunde oder Feinde?

Wer Manipulation als einen alltäglichen Bestandteil des Lebens erkennt, wird verstehen, dass Manipulation nicht immer auch moralisch verwerflich ist. Vielmehr liegt die Beurteilung der psychologischen Handlungsweisen einer Manipulation zumeist im moralischen Graubereich. Es gibt eine Reihe von Pros und eine Bandbreite von Contras. Der kommende Abschnitt ist der Symbiose oder dem Widerspruch der Moral zur Manipulation gewidmet. Hierzu werden unterschiedliche Blickwinkel aufgegriffen und untersucht.

Die Manipulation als sinnvoller Unterstützer des Lebenserfolgs

Jeder Mensch möchte ein glückliches, erfülltes und vor allem erfolgreiches Leben führen. Die genaue Ausstaffierung der Wege dorthin ist jedoch für jedes Individuum unterschiedlich. Unstrittig ist, wer sich ein erfolgreiches Leben aufbauen möchte, benötigt hierfür neben einer komplexen Handlungskompetenz auch eine emotionale Lebensintelligenz. Ein wichtiges Instrument im Umgang mit anderen Menschen und auch im Umgang mit sich selbst stellt in diesem Kontext die Manipulation dar.

Um jedoch diese Thematik und das Zusammenspiel von Moral und Manipulation zu verstehen, ist es zwingend notwendig, Manipulation nicht nur unter einem negativen Blickwinkel zu betrachten, denn Manipulation im Sinne der Beeinflussung ist nicht immer negativ.

Wenn Sie beispielsweise in Ihrem Leben immer wieder vor ähnlichen Situationen stehen, die Ihnen ähnlich gelagerte Probleme auferlegen und Sie aktiv vom Erfolg abhalten, ist eine kritische Beurteilung Ihrer Verhaltensweisen dringend zu empfehlen. Was hält Sie von einem glücklichen und erfüllten Leben ab? Sind es tatsächlich immer externe Umstände, die auf Sie einwirken, oder stehen Sie sich zumindest zu einem gewissen Anteil selbst im Weg?

Die Gleichung „Aktion ist gleich Reaktion“ kann Ihnen hierbei schon einen ersten Lösungsansatz bieten. Erschaffen Sie vielleicht im Umgang mit anderen Menschen Komplikationen oder Barrieren, sind Sie zu übergriffig oder erkennen Sie die zugrundeliegenden Menschenbilder und Persönlichkeitstypen der Personen, mit denen Sie es zu tun haben, nicht?

Beachten Sie, dass nicht jeder Mensch gleich reagiert auf bestimmte Verhaltensweisen! Lernen Sie anhand einiger Indikatoren in der Praxis zu erkennen, mit welchem Menschentypus Sie es zu tun haben, um individuell auf diese Personen zu reagieren und sie rein emotional abzuholen. Hierdurch vermeiden Sie beispielsweise ganz aktiv Gegebenheiten, die Ihr Gegenüber überfordert. Mögliche Barrieren werden folglich abgebaut, noch bevor sie entstanden sind.

Erfahrungsgemäß lernen Menschen erst aus bestehenden Situationen und nehmen hierzu analog Veränderungen im eigenen Leben vor, wenn der Leidensdruck zu hoch ist. Lassen Sie es nicht soweit kommen und verstehen Sie modifizierte eigene Handlungsweisen als einen Unterstützer für Ihren Erfolg. - Auch im Sinne eines positiven Blickwinkels auf manipulatorische Aspekte.

Moralische Bedenken der Manipulation

Moral ist ein mitunter dehnbarer Begriff, denn die Moral wird in bestehenden Kulturen sowie Subkulturen teilweise vollkommen anders verstanden und gelebt. Es ist ein unstrittiger Erfolgsindikator für Sie, wenn Sie fähig dazu sind, moralische Bedenken zu identifizieren und für sich selbst zu hinterfragen. Dieser Prozess setzt jedoch ein gesundes Verhalten zu sich und der Umgebung voraus. Sollten Sie manipulieren wollen, um sich Macht über andere Menschen anzueignen und ihnen aktiv zu schaden, ist das eindeutig moralisch verwerflich und zwingend zu kritisieren. Es gilt vermutlich, wie auch in jedem anderen Bereich des Lebens, dass die Wahrheit in der Mitte liegt. Ein vertretbares Vorgehen setzt nicht nur die Beachtung Ihrer eigenen Wünsche, Ziele und Bedürfnisse voraus, sondern integriert auch ein behutsames und verantwortungsbewusstes Vorgehen gegenüber anderen Personen.

Es gibt in der Psychologie eine Reihe von Ansätzen und Empfehlungen, wie genau man andere Menschen beeinflussen kann. Der für Sie richtige Weg sollte jedoch auch eine hohe eigene Integrität zu Ihren eigenen Werten und Verhaltensweisen vorsehen. Wenn Sie folglich Manipulationen bzw. Beeinflussungen vornehmen, weil Sie jemandem schaden wollen, so ist das Wort Manipulation in einem negativen Kontext zu werten. Sollten Sie hingegen Ihr eigenes Verhalten reflektieren, um erfolgreicher zu werden, um Konflikte zu vermeiden, um Ihre sachlogischen Ziele zu erreichen, die selbstverständlich niemandem schaden, dann ist das Verständnis der Manipulation in einem positiven Erscheinungsbild zu verstehen.

Die verantwortungsbewusste Kompetenz entscheidet über den moralischen Sinn der Manipulation.

Die Manipulation und die Moral sind je nach Auslegung der Begrifflichkeiten und der sich hinter den Handlungen befindlichen Intentionen zu verstehen sowie zu bewerten. Sie müssen nicht zwingend Freunde sein, jedoch auch nicht grundsätzlich Feinde. Menschen, die die Kunst der psychologischen Manipulation verstehen, warten mit einem beachtlichen Kompetenzpaket auf. Dieses Kompetenzpaket erlaubt es Ihnen, im Vergleich zum Wettbewerb zielgerichteter zu agieren und hieraus Mehrwerte für sich nutzen zu können. Es setzt jedoch auch eine immense Reife und ein hohes Verantwortungsbewusstsein voraus, um sensibel und behutsam mit anderen Menschen umzugehen, denn die Manipulation kann eine Waffe darstellen. Je nachdem, wer diese Waffe bedient, wird Segen oder Fluch hervorbringen.

4

Kleine Reise in die Vergangenheit – Beispiele der Manipulation aus der Geschichte

Manipulation und ihre Folgen sind an sich schon so alt wie die Menschheit selbst. Es sind viele Parallelen zwischen einigen Kriegen zu finden. Ob immer gezielte Manipulationsstrategien hinter den geschichtlichen Ereignissen standen oder ob hier eventuell Drahtzieher am Werken waren, die einfach gewisse psychopathische Züge aufwiesen und aufgrund des bestehenden Krankheitsbildes ganz automatisiert unterschiedliche Handlungsweisen so initiiert haben, dass sie klar pointiert auf die Massen wirkten, ist im Einzelnen nicht überliefert. Dennoch können sich hieraus Rückschlüsse ziehen lassen, was insbesondere im direkten Kontext mit Kriegen und Kriegsverbrechen geschehen kann, wenn die Manipulation und ihre psychologischen Strategien von Menschen genutzt werden, die nicht verantwortungsbewusst mit Menschenleben umgehen. Im nachfolgenden Beitrag finden Sie die kriegerische Auseinandersetzung des 2. Weltkriegs sowie modische Erscheinungen von Kleidungstrends der Epochen, die auf Manipulationen aus kommerziellen Zwecken rückführbar sind.

Der 2. Weltkrieg als Phänomen der Propaganda und der Manipulation

Der 2. Weltkrieg ist bis heute eines der Paradebeispiele einer initiierten Massenmanipulation, die in allen Bereichen des Lebens wirkte. Ob Hitler beziehungsweise seine Untergebenen der zweiten Reihe hinter ihm auf sachlogischen Erwägungen und durch eine gezielte Handlungskompetenz über manipulative Gegebenheiten verfügten, ist in Summe nicht überliefert. Die Ergebnisse und die Vorgehensweisen lassen hier jedoch auf gewisse strukturierte Maßnahmen und Erkenntnisse dieser Thematik schließen. Die Nationalsozialisten griffen in jeglicher Altersklasse an und hinterließen durch Massenveranstaltungen beziehungsweise „Herdenevents" ein Gedankengut, das voller Grausamkeit war und einmalig in der Geschichte blieb.

Im Zuge einer genauen Betrachtung lassen sich hierzu folgende Vorgehensweisen identifizieren:

1. Die Erschaffung von Problemen und das parallele Anbieten von Lösungen.
2. Zur breiten Masse wird wie zu kleinen Kindern gesprochen.
3. Es erfolgt eine Konzentration auf die Emotionen des Menschen, denn die Emotionen tangieren jeden Einzelnen am meisten.
4. Man vertraut auf die Ignoranz der Masse, gewissen Unstimmigkeiten nachzugehen.
5. Menschen, die Widerstand zeigen, wird ein schlechtes Gewissen eingeredet.

6. Man lernt die Menschen besser kennen, als sie sich in Summe oftmals selbst kennen.

Der 2. Weltkrieg ist ein Beispiel aus Manipulationen, die eindeutig als Feind und nicht als Freund zu werten sind. Hier bemüßigten sich Menschen, Handlungsweisen anzuwenden, die zu Mord, Volksverhetzung und Millionen von Opfern führten. Somit ist diese Epoche ein wahres Negativbeispiel der Geschichte.

Die Modebranche als Treiber der Manipulation seit vielen Jahrhunderten

Die Modebranche mit ihren jährlich wechselnden Stilen und Must-Haves ist ein weiteres Beispiel, das aufzeigt, dass, bereits so lange es Mode gibt, Manipulation in der Anwendung existiert. Hierbei handelt es sich um das künstlich erschaffene Gefühl der Knappheit bzw. das Gefühl, einen Mangel zu haben, der rein objektiv gesehen so nicht gegeben ist. Hinzu kommt auch ein gewisses Massengefühl, denn wenn auch alle Freundinnen genau diese neuen aktuellen Kleider tragen, dann benötigen Sie diese Kleider doch ganz sicher auch. Sollte das nicht der Fall sein, so würden Sie rein gefühlt nicht dazu gehören und dem Trend der „Herde" nicht folgen.

Manipulation als Mitgift der Geschichte

Manipulationen gibt es bereits, solange es den Menschen gibt. Rein geschichtlich betrachtet handelte es sich oft, vor allem im Kontext mit Kriegen, um dramatische Geschehnisse, die auf ein Gemeinschaftsgefühl sowie ein kreiertes Feindbild abzielten. Doch auch in den ganz alltäglichen Geschehnissen können Manipulationen versteckte Anreize für Kaufentscheidungen oder Handlungsempfehlungen bereithalten.

5

Vorbereitung – was erfolgreiche Manipulatoren wissen

Manipulation bzw. konstruktive Beeinflussung sind probate Mittel in unterschiedlichen Lebensbereichen. Doch ob manipulative Vorgehensweisen auch tatsächlich erfolgreich sind, hängt von der Qualität der Vorgehensweisen und von der Güte der Vorbereitung ab. Hier gilt eine ähnliche Philosophie wie im Sport. Nur derjenige, der Talent, Fähigkeiten und Fertigkeiten aufweist, wird am besten performen. Die Performance und der Erfolg werden ganz maßgeblich auch von der Übung und einer passenden Vorbereitung beeinflusst. Was genau Sie nun beachten müssen für eine erfolgreiche Vorbereitung, um bestmöglich zu manipulieren, erfahren Sie im nachfolgenden Abschnitt.

Unterschätzen Sie nie die Emotionen Ihrer Mitmenschen und Mitarbeiter Ihnen gegenüber

Emotionen sind auch bei Vorgehensweisen der Beeinflussung beziehungsweise Manipulation maßgeblich für den Erfolg und dürfen nicht vernachlässigt werden. Wenn Sie beispielsweise in der Funktion eines Vorgesetzten auftreten und einzelne Ergebnisse Ihrer Mitarbeiter hinterfragen, so sollten auch Sie das Verhältnis zu Ihren Mitarbeitern reflektieren. Bedenken Sie hierbei, dass im Durchschnitt die Abteilungen bzw. die Projektteams erfolgreicher sind, bei denen die Arbeitsbeziehung zu dem Vorgesetzten als positiv eingestuft wird. Mitarbeiter, die hier negative Emotionen mit dem Vorgesetzten verbinden, erwirtschaften zumeist signifikant schlechtere Ergebnisse. Hinterfragen Sie hierbei folglich sich selbst als Erstes. Die Erschaffung einer vertrauensvollen Atmosphäre und einer produktiven Arbeitsumgebung verhelfen Ihnen perspektivisch zu einem höheren wirtschaftlichen Erfolg.

Die Bindung anderer Menschen an Sie

Viele Menschen erleben beispielsweise im Privaten immer wieder, dass andere Personen einfach aus ihrem Leben verschwinden und sie hier in einem gewissen Turnus Verluste erleiden, die schmerzhaft sind. Im beruflichen Kontext können sich solche Aktivitäten als eine hohe Fluktuation der zu betreuenden Mitarbeiter kenntlich machen. Auch hier sollte dringend hinterfragt werden, weshalb diese Umstände immer wieder in dieser Art und Weise auftreten, denn es ist ersichtlich, dass zumeist eine mangelnde emotionale Bindung zu Ihnen gegeben sein muss. Viele Menschen unterschätzen die emotionale Nähe und Bindung zwischen Menschen in ganz unterschiedlichen Konstellationen zueinander. Es gilt ganz deutlich, nur Menschen, bei denen man zumindest gewisse Emotionen auslöst, werden sich auch binden oder zulassen, eine gewisse Beziehung zu ihnen aufzubauen. Diese emotionale Nähe benötigen Sie jedoch dringend für die spätere Manipulation. Ein wertschätzender, angenehmer Umgang, positive Statements, Lob, Anerkennung, all das sind die Grundsteine eines angemessenen Umgangs miteinander, denn Sie werden niemanden nachhaltig beeinflussen können, der sich mit Ihnen nicht in irgendeiner Form verbunden fühlt.

Das Wissen der verschiedenen Persönlichkeitsmerkmale

Nicht jeder Mensch reagiert gleich auf bestimmte Anreize, Situationen oder Gegebenheiten. Wenn Sie, aus welchen Gründen auch immer, Beeinflussungen vornehmen möchten, müssen Sie darauf achten, dass Sie Ihr Gegenüber nicht überfordern. Die Reize, die gesendet werden, können unter Umständen auf Menschen vollkommen verschiedenartig wirken und differenzierende Ergebnisse herbeiführen. Sie müssen infolge dessen genau darauf achten, mit welchem Menschen Sie es vor sich zu tun haben. Nehmen Sie sich bei der Beobachtung zurück und konzentrieren Sie sich auf den anderen Part, um sicherzugehen, die Handlungsmotive und Bedürfnisse des anderen zu identifizieren. Beobachtung und Vorbereitung sind in diesem Zusammenhang die ausschlaggebenden Aspekte, die zum Erfolg führen. Es geht hier in erster Linie nicht darum, Ihre Ziele rücksichtslos durchzusetzen, sondern so viele Anreize zu kreieren, dass derjenige Sie vermeintlich vollkommen und aus eigenen Stücken unterstützt oder die Handlungen vornimmt, die Sie befürworten.

Grundlegende Techniken im Rahmen der Manipulationsvorbereitung

Um Manipulationen erfolgreich vorzunehmen, sollten Sie sich zwingend eine gewisse Handlungskompetenz aneignen. Zu den drei grundlegenden Techniken, mit denen Sie sich unbedingt beschäftigen sollten, gehören folgende Prinzipien:

1. Das Prinzip der Gegensätzlichkeit
2. Der Herdentrieb als Manipulationsfalle
3. Beharrungsfalle als Manipulationstaktik

Das Prinzip der Gegensätzlichkeit

Dieses Vorgehen erscheint als recht einfach, aber dennoch effektiv. Es funktioniert indem Sie einer anderen Person einen sogenannten Gefallen tun. Hieraus ergibt sich ein Gefühl der Verpflichtung der anderen Person Ihnen gegenüber. Das Resultat aus diesem Gefallen kann sein, dass Sie zu einem späteren Zeitpunkt die Gefälligkeit ebenso als Ausgleich einfordern. Aus dieser Situation heraus können Sie unter Umständen sogar mehrfach diesen Gefallen einfordern, sodass Sie Ihre vermeintlich gute

Tat mehrfach wiederholend in anderen Zusammenhängen für sich nutzen können, ohne eine tatsächliche Gegenleistung erbringen zu müssen.

Der Herdentrieb als Manipulationsfalle

Der Herdentrieb hat bereits in einer vollkommen rohen Weise im 2. Weltkrieg funktioniert. Sie können dieses Phänomen jedoch auch in modifizierter Weise für sich im Alltag oder im Job nutzen. Bedenken Sie, dass Menschen immer auch in ihrem Umkreis darauf achten, was genau die anderen Personen billigen und mit sich anstellen lassen, denn der Mensch richtet sich hier nach der Maxime, dass er dann solche Verhaltensweisen ebenso akzeptieren muss, da ja auch der Rest die Verhaltensweisen billigt.

Beharrungsfalle als Manipulationstaktik

Als Synonym findet man zu dieser Technik auch die Fuß-in-der-Tür-Technik. Das bedeutet vom Grunde her, dass man Menschen dafür sensibilisieren kann, sich in eine Richtung zu bewegen, die Sie selber forcieren. Einmal den Schritt gemacht, wird man sich weiter in diese Richtung entwickeln.

Die aufgeführten Techniken sind nur ein kleiner Teil der Möglichkeiten, die sich zur Vorbereitung von Manipulationsmaßnahmen anbieten. Es gibt noch eine Reihe weiterer Methoden, die nachfolgend kurz aufgelistet werden.

Weiterführende Techniken:

- Der Freundschaftstrick
- Der Autoritätstrick
- Das Gesetz der Knappheit
- Die Macht der Wiederholungen
- Die prägende Bedeutung der Gefühle

Beeinflussungen durch Emotionen in konstruktiver Art und Weise

Menschen werden Sie immer dann als positiv wahrnehmen, insbesondere im Job, wenn man ihnen wohlwollend entgegentritt und mit Lob und Anerkennung aufwartet. Ein wertschätzender Umgang ist die Basis für einen angemessenen Umgang und erlaubt die Grundlage dafür zu schaffen, jemanden emotional anzusprechen. Die emotionale Ansprache und eine entsprechende zwischenmenschliche Bindung sind ebenso als ein Fundus für spätere Manipulationen zu sehen. Wichtig ist in diesem Zusammenhang auch, zu erkennen, dass der Mensch kein Stereotyp ist. Es gibt unterschiedliche Persönlichkeitsbilder und Bedürfnisse, die sich hinter den Handlungen eines jeden Menschen verbergen. Wenn Sie erfolgreich Einfluss ausüben möchten und hierzu manipulieren wollen, so gehört eine individuelle Vorbereitung dringend dazu.

Die Grundlagen der Psychologie

Die soziale Infrastruktur setzt sich sowohl im persönlichen Umfeld wie auch im beruflichen Kontext aus einer Vielzahl an Menschen, Menschenbildern, Verhalten oder auch Verhaltensweisen zusammen. Um dieses komplexe Zusammenspiel des Menschen zu verstehen, ist es zwingend notwendig, sich mit den psychologischen Grundlagen auseinanderzusetzen, um Synergien und verhaltenstechnische Vorgänge adäquat einschätzen zu können. Darüber hinaus bildet das Verständnis hierfür das Grundnetz, um im psychologischen Kontext überhaupt manipulieren zu können.

Die Disziplinen der Psychologie

Um im weiteren Bereich des Manipulationsverständnisses methodisch sinnvoll vorzugehen, ist es unverzichtbar, sich einige psychologische Grundlagen anzueignen. Dies erleichtert Ihnen eine strukturierte Vorgehensweise und das Verständnis über psychologische Komponenten.

Die Psychologie untergliedert sich in verschiedene Teilbereiche, die in der Praxis zu finden sind. Zu den relevanten Teilbereichen, die für eine umfassende Methodenkompetenz sowie ein komplexes Praxiswissen über die Manipulation verantwortlich sind, gehören fünf relevante Gebiete. Es wird hierbei zwischen der **allgemeinen Psychologie, der Sozialpsychologie, der Persönlichkeitspsychologie, der Entwicklungspsychologie sowie der klinischen Psychologie** unterschieden.

Nachdem die Psychologie nun nachfolgend kurz erläutert wird, erfolgt eine Beschreibung der psychologischen Zielsetzung, um anschließend die fünf relevanten Teilbereiche der Psychologie für die Manipulation näher zu beschreiben.

Die Psychologie als wissenschaftliche Disziplin der Moderne

Rein wörtlich übersetzt versteht man unter der Psychologie die Lehre der Seele des Menschen. Es gibt jedoch neben den zahlreichen Ebenen der Psychologie auch ganz unterschiedliche Definitionen, Sichtweisen und Herleitungen. Da es sich bei der Psychologie um eine sogenannte bereichsübergreifende Wissenschaft handelt, basiert sie unter anderem auf empirischen sowie wissenschaftlichen Methoden, die in der Praxis angewandt werden.

Zielsetzungen der Psychologie

Als grundlegende Zielsetzung lässt sich hier die Verhaltensvorhersage eines Menschen im Allgemeinen beschreiben. Wenn Sie nun unter dem Aspekt der Manipulation psychologische Verhaltensweisen eines Menschen beobachten, um die zu erwartenden Verhaltensweisen auch tatsächlich beschreiben zu können, wird ersichtlich, wie wichtig es ist, dass Sie sich neben einer Methodenkompetenz der Psychologie auch eine Basis an psychologischem Knowhow aneignen.

Die allgemeine Psychologie als Teildisziplin der Psychologie

Hierbei handelt es sich tatsächlich um die Psychologie in einem generalistischen Kontext. Diese Teildisziplin beschreibt die Erlebensgrundlagen sowie die Verhaltensgrundlagen des Menschen, die alle Individuen bereithalten und prägen. Man kann die allgemeine Disziplin auch als Kern der Psychologie bezeichnen. Interessant ist, dass die allgemeine Psychologie als ein genauer Grenzbereich zur Neurobiologie gilt. Hieraus ergeben sich Synergien aus den bestehenden psychischen Funktionen zum menschlichen Nervensystem. Da die allgemeine Psychologie auch sehr allgemein gefasst ist, bildet sie in unterschiedlichen Bereichen wie beispielsweise der Logopädie einen fundamentalen Kern und hält auch für psychologische Aspekte der Manipulation einige Verständnisansätze bereit.

Die Sozialpsychologie als Teildisziplin der Psychologie

Hierbei handelt es sich um das sogenannte Erleben sowie das Verhalten in Korrelation zu bestehenden gesellschaftlichen sowie sozialen Prozessen. Somit weist die Sozialpsychologie eine immense Nähe zu der Soziologie auf. In diesem Kontext geht es eindeutig um Themen wie Sympathie, Anerkennung, Kommunikation, Motive, Antipathie sowie die allgemeine Interaktion in Gruppenprozessen. Alle verhaltensspezifischen Gegebenheiten werden in dieser Disziplin näher untersucht und bieten einen Beitrag für das Erlangen einer Verhaltenskompetenz bei Manipulationen.

Die Persönlichkeitspsychologie als Teildisziplin der Psychologie

Als Synonym für die Persönlichkeitspsychologie wird auch die Bezeichnung „differentielle Psychologie" genutzt. Diese Disziplin befasst sich maßgeblich mit den Unterschieden der menschlichen Individuen. Hierbei erfolgt die Untersuchung des Individuums, wie sich das Erlebte und das Verhalten auf die Persönlichkeit ausprägen. Auch hier wird der bereits beschriebene Ansatz der Manipulation ersichtlich, denn unterschiedliche Menschen können einzelne Situation vollkommen unterschiedlich wahrnehmen, beurteilen und bewerten. Relevante Themen dieser Disziplin sind die Motive, die Bedürfnisse, einzelne Interessen, Begabungen, Identitäten oder auch die bereits erwähnten Persönlichkeitstypen.

Die Entwicklungspsychologie als Teildisziplin der Psychologie

Die Entwicklungspsychologie ist hingegen dafür bekannt, dass sie die Entwicklungen eines Individuums im Verlauf des Lebensprozesses aufgreift. Früher vollzog sich diese Disziplin primär auf den Prozess bis hin zum Erwachsenenalter. Heute vollzieht sich die Sichtweise auf die vollständige Lebensspanne, die auch das Seniorenalter mit einbezieht. Die relevanten Themen dieser Disziplin sind die motivationale Entwicklung sowie die Sprachentwicklung. Ausgangspunkt ist hierbei die Auswirkung der Umwelt auf die persönliche Entwicklung, die auch für das Verständnis der Manipulation wichtig ist.

Die klinische Psychologie als Teildisziplin der Psychologie

Die klinische Psychologie als Disziplin verfolgt auch tatsächlich klinische Ansätze. Wie verlaufen Störungen sowie Verhaltenserkrankungen der Psyche im Einzelnen? Diese Frage beantwortet die klinische Psychologie. Kernthemen der klinischen Psychologie sind Epidemiologie, pathologische Entwicklungen, Klassifikationen von Störungen, die Diagnostik sowie die Rehabilitation. Da es eine Vielzahl von Menschen mit psychischen Störungen und Erkrankungen gibt, sollte diesem Teilbereich der Psychologie für den Ausbau der Handlungskompetenz bezüglich manipulatorischer Aspekte viel Aufmerksamkeit entgegengebracht werden.

Psychologische Beeinträchtigungen werten und beachten

Im alltäglichen Leben manifestierten sich in den vergangenen Jahren zunehmend psychische Erkrankungen, denen in jeglichem Lebensbereich Beachtung geschenkt werden sollten. Es ist ein Trugschluss, zu glauben, dass Menschen mit psychischen Erkrankungen nicht in der näheren Umgebung sind, denn ein Großteil von ihnen ist arbeitsfähig und im medizinischen Sinne zumindest nicht von der Arbeit befreit. Hier gilt es sich vor zwei Situationen zu schützen. Zum einen gibt es ein paar Auffälligkeiten bei Menschen mit einem krankhaften Narzissmus oder einer Psychopathie, die unterbewusst immer dazu streben, Kontrolle auszuüben und hierbei Manipulationen anzuwenden. Und zum anderen begegnen Ihnen vermutlich auch immer wieder Menschen, die andere psychische Beeinträchtigungen wie Depressionen oder auch das Borderline-Syndrom haben. Auch diese Personen können unterbewusst manipulative Züge aufweisen, gegen die man sich mitunter aus reinem Eigenschutz schützen sollte. Dennoch ist zumindest die zweite Personengruppe im Regelfall offen für Beeinflussung beziehungsweise kann nach näherer Beobachtung recht gut beeinflusst und manipuliert werden. Das können Sie sich wiederum zunutze machen, um Ihre Belange durchzusetzen.

Menschen mit Depressionen

Depressionen sind eine Art neue Volkserkrankung, denn eine hohe Anzahl an Menschen erkrankt an dieser gesundheitlichen Beeinträchtigung im Laufe des Lebens. Um Depressionen zu verstehen, ist es wichtig, die sogenannten Eckparameter der Erkrankung zu kennen. In der Medizin spricht man hier auch von der sogenannten negativen Triade.

Charakteristisch für Menschen mit Depressionen ist, dass sie zumeist ein vollkommen negatives Selbstbild von sich selbst aufweisen. Sie fühlen sich unvollkommen, benachteiligt und fügen sich selbst schnell in eine Opferrolle ein. Erfahrungen, die Personen in depressiven Phasen sammeln, sind oft für sie negativ belastet und gleichen einem Auf und einem Ab. Auch die Zukunftserwartungen schätzen Betroffene eher als negativ ein. Da die Intensität solcher depressiver Phasen unterschiedlich ist, können Sie diese Menschen durch ein wenig Hoffnung und Zuwendung in besseren Phasen für sich gewinnen und gegebenenfalls beeinflussen.

Menschen mit einem Borderline-Syndrom

Diese psychische Beeinträchtigung hat vermutlich ihren Ursprung in der frühesten Kindheit, in der das Kind traumatisiert wurde. Das Borderline-Syndrom gehört zur Rubrik der Cluster B Störungen und ist dringend behandlungsbedürftig. Die ersten Anzeichen lassen sich durch das bekannte Ritzen in der Haut mit scharfen Gegenständen bei Betroffenen erkennen. Es gibt jedoch auch einige Krankheitsverläufe, die ohne erkennbare Spuren auf der Haut wahrzunehmen sind. Betroffene sollten hier zwingend psychologische Unterstützung suchen. Das Tückische an dieser Erkrankung ist, dass Betroffene es bereits in der frühesten Kindheit erlernt haben, sich zunächst so zu verstellen, dass sie dem Gegenüber vollkommen genügen. Sie idealisieren den anderen Menschen und sind nicht fähig, eine objektive Einschätzung der Person vorzunehmen. Die sich hieraus ergebenen Erwartungen sind für das Gegenüber nicht zu erfüllen. Der Betroffene des Borderline-Syndroms erkennt diese Tatsache nach einer Zeit der vollkommenen Idealisierung und wechselt von weiß auf schwarz. Somit geschieht eine starke Abwendung der bis dato so idealisierten Person. Diese Abwendung hat meist für den Betroffenen zur Folge, dass er vollkommen überfordert mit der Situation ist und sich wiederum übergangen fühlt. Gefühle des Verlusts stellen sich ein. Der Mensch mit dem Borderline-Syndrom traumatisiert den anderen. Die Quintessenz aus diesem Verhalten ist, dass die Person gegenüber entweder diese Gegebenheit erkennt und Schlüsse aus dem krankhaften Verhalten zieht oder sich verhaltenstechnisch von dem Menschen mit Borderline-Syndrom so manipulieren lässt, dass er wieder Zuwendung erhält. Häufig lassen sich Menschen mit einem Borderline-Syndrom im Übrigen von Menschen mit stark narzisstischen Zügen manipulieren und ausnutzen.

Menschen mit narzisstischen oder psychopathischen Zügen

Die gefürchteten Narzissten, die in der Literatur bereits hinlänglich beschrieben wurden, bilden eine relevante Gruppe der Persönlichkeitsstörungen. Das Problem hierbei ist, ähnlich wie bei den Psychopathen, dass die Diagnosen für diese Störungen selten gestellt werden, da diese Menschen im Regelfall nur wenig einsichtig sowie selbstreflektiert sind und aufgrund dessen auch nur in Ausnahmefällen einen Psychologen aufsuchen.

Zeichnet sich ein Narzisst durch eine typisch selbstverliebte Seite aus und einem Drang, in der Öffentlichkeit zu stehen oder zumindest sehr laut aus der Masse zu treten, zeichnet sich der Psychopath mit anderen Auffälligkeiten aus. Der Psychopath benötigt die Bühne nicht, jedoch ist sein Vorgehen nicht unbedingt von Nächstenliebe und Wertschätzung geprägt. Klare Grenzen kennt er nicht. Beide Persönlichkeitsstörungen sind sowohl im Privatleben wie auch im Geschäftsleben mit Vorsicht zu genießen. Kann man den Narzissten an der einen oder der anderen Stelle noch mit viel Lob und Anerkennung in die gewünschten Bahnen lenken, gestaltet sich das bei einem psychopathischen Kollegen als nicht zwingend zu empfehlen.

Auch hier gilt es als wichtig, sich vor Fremdmanipulationen von Narzissten oder Psychopathen zu schützen, um nicht in ein gefährliches Fahrwasser zu gelangen.

Psychologische Handlungskompetenz als Meilenstein der Manipulation

Die Kenntnis über psychologische Grundlagen bildet eine gesunde Infrastruktur, die es Ihnen ermöglichen wird, unterschiedliche Handlungsweisen und Facetten der menschlichen Natur unter psychologischen Gesichtspunkten nachhaltiger einschätzen zu können. Das typische Nichtwissen schützt explizit nicht vor Unheil und Problemen. Aufgrund dessen ist es zwingend zu empfehlen, sich ebenso mit theoretischen Grundlagen auseinanderzusetzen, um später in der Praxis Handlungen besser einschätzen und für sich selbst nutzen zu können.

Die Grundlagen der Kommunikation

Ein weiterer wichtiger Punkt im Bereich der Manipulation ist neben dem Wissen an theoretischen psychologischen Grundlagen auch die Kenntnis über relevante Aspekte der Kommunikation im Allgemeinen. Kommunikation gilt als wichtigstes Bindemittel zwischen menschlichen Individuen. Hierbei werden entweder nur bloße Informationen untereinander getauscht oder zwei Individuen fordern sich auf, etwas zu tun und in Interaktion zu treten. Denkbar ist auch das Abzielen auf Gefühle im Rahmen eines kommunikativen Austauschs. Die Interaktion steht in diesem Kontext klar im Fokus und ist Ziel zwischen den Kommunikationspartnern, sodass es zu wechselseitigen Handlungen kommt. Häufig erkennen wir im Rahmen eines Kommunikationsprozesses ganz unterschiedliche Fragmente. Sollte ein reibungsloser Ablauf vorliegen, so werden zumeist beide Gesprächspartner mit der stattfindenden Kommunikation zufrieden sein. In einzelnen Fällen liegen hier jedoch störende Elemente vor, sodass man von Komplikationen sprechen kann. Im nachfolgenden Bereich erfahren Sie nun, welche genauen Aspekte für die Kommunikation verantwortlich sind und was Sie genau beachten müssen, um im Rahmen der Gesprächsführung nicht manipuliert zu werden.

Die Kommunikationsaspekte

Kommunikation ist ein Ablauf, der entweder bewusst oder auch unterbewusst in einer wechselseitigen Wirkung der teilnehmenden

Kommunikationspartner abläuft. Hierbei müssen Sie beachten, dass die Kommunikation jedoch auf unterschiedlichen Reizen beruht. Sie können zwischen visuellen, akustischen oder kinästhetischen Signalen unterscheiden. Diese Signale werden in verschiedenartigen Rangfolgen vom Menschen wahrgenommen.

Rangordnung der Wahrnehmung der Kommunikationsaspekte:

- 90,00 % der erlebten Signale werden vollkommen unterschiedlich wahrgenommen
- 70,00 % – 90,00 % der Signale werden über die Gefühle wahrgenommen
- 70,00 % der Signale sind abhängig davon, was genau Sie selbst sagen
- 30,00 % der Signale sind in Abhängigkeit des Gesehenen
- 20,00 % der Signale sind in Abhängigkeit von dem Gehörten
- 10,00 % der Signale sind in Abhängigkeit von dem Gelesenen

Bedenken Sie hierbei immer, dass Personen Wahrnehmung in der Form des „wahr Nehmens" verstehen. Wie genau die übermittelten Informationen und Inhalte folglich auf das Individuum wirken, ist nicht generalisierend zu beschreiben. Immer dann, wenn Sie beispielsweise Menschen beeinflussen möchten, sollten Sie zumindest eine grobe Untergliederung der vorliegenden Wahrnehmungstypen initiieren. Handelt es sich um einen kinästhetischen, akustischen oder visuellen Typ? Die Beantwortung dieser Frage ist von hoher Relevanz, um sicherzustellen, dass Ihre Kommunikation auch genau so wirkt, wie Sie es möchten. Sollten Sie einen kinästhetischen Typen beispielsweise immer wieder auf der rein visuellen Ebene ansprechen, wird Ihr Überzeugungsprozess vermutlich keinen Erfolg haben oder sehr lange dauern. Beschäftigen Sie sich infolge dessen mit Ihrem Gesprächspartner, um Ihre Gesprächsführung positiv und vor allem effizient zu gestalten.

Die drei relevanten Punkte einer erfolgreichen Kommunikation

Um Ihnen die Kommunikationsaspekte und deren Ablauf noch verständlicher zu beschreiben, werden nun im nachfolgenden Bereich die drei relevanten Punkte für eine erfolgreiche Kommunikation thematisiert.

Hierzu ist der Prozess der Kommunikation in drei Schritte bzw. Punkte zu untergliedern. Im ersten Part wird eine bloße Mitteilung geäußert. Hier ist es wichtig, dass Sie für sich hinterfragen, ob Ihr Gesprächspartner den Inhalt der Informationen auch tatsächlich realisiert. Beachten Sie zwingend, dass der Gesprächsinhalt in diesem Ablauf nicht unbedingt vom Gesprächspartner gehört wird. In diesem Schritt befinden sich zumeist auch schon die ersten gravierenden Hürden, die im Rahmen einer erfolgreichen Kommunikation genommen werden müssen, damit Sie Ihren Gesprächspartner auch inhaltlich erreichen.

Der zweite Schritt befasst sich schwerpunktmäßig damit, dass Ihr Gesprächspartner nicht nur den Inhalt vernommen, sondern ihn auch verstanden hat. Das Verständnis der übermittelten Informationen ist einer der Aspekte, der regelmäßig im Kommunikationsprozess außen vor gelassen wird. Hier bietet es sich in der gelebten und vor allem erlebten Praxis an, nachzufragen, ob der Inhalt der Informationen auch tatsächlich verstanden wurde. Bedenken Sie, dass das Gehörte nicht zwangsläufig auch verstanden sein muss. Fordern Sie sich von Ihrem Gesprächspartner eine Reaktion zum Verständnis ein. Beliebt ist hierbei beispielsweise ein einfaches und unkompliziertes Nicken. Die dritte Perspektive, die nun im Rahmen eines Kommunikationsprozesses relevant ist, befasst sich mit der Thematik der Zustimmung. Bedenken Sie, dass Ihr Kommunikationspartner nicht zwangsläufig auch mit dem verstandenen Inhalt einverstanden sein muss. Hier ergeben sich sogar recht häufig zwischen den teilnehmenden Parteien Barrieren, die erkannt werden sollten, um den Prozess weiter im eigenen Sinne erfolgreich gestalten zu können. Es gilt hier die Sichtweise, dass das Gegenüber, auch wenn es den Inhalt verstanden hat, nicht automatisch auch damit einverstanden sein muss.

Die Ebenen der Kommunikation

Kommunikationswissenschaftler unterscheiden in der Praxis zunächst zwei relevante Ebenen der Kommunikation. In diesem Bereich wird deutlich, dass es eine gravierende Interdependenz zwischen der

Kommunikation und der Psychologie gibt, denn die wahrgenommenen Informationen werden bei den Gesprächspartnern abgespeichert und haben eine direkte Wirkung auf das unterbewusste sowie das bewusste Verhalten. Bei jeder Kommunikation werden folglich immer zwei Ebenen tangiert. Die erste Ebene befasst sich mit der reinen Aufnahme der Information. Hier geht es um eine Informationsaufnahme im rationalsachlogischen Bereich. Die zweite Ebene ist die emotionale Ebene. Bedenken Sie beispielsweise, dass Gesprächspartner nicht nur auf verbaler Ebene miteinander kommunizieren, sondern auch immer in nonverbaler Form. Vor allem die nonverbale Kommunikation kreiert mitunter ein Gefühlsbild beim Gesprächspartner und kann der Schlüssel zum Erfolg bei einer Kommunikation sein. Sprechen Sie unbedingt beide Ebenen an, um erfolgreich zu kommunizieren.

Die Möglichkeiten der Kommunikation

Wenn Sie erfolgreich mit einer bestimmten Person oder Ihrer Umgebung im Allgemeinen kommunizieren möchten, bedenken Sie, dass sich eine erfolgreiche Kommunikation auf ganz unterschiedlichen Bereichen abspielt. Die Sprache bzw. Ihre Stimme kann in einem Kommunikationsprozess für eine starke Verwirrung oder ganz automatisch für Zustimmung bei Ihrem Gegenüber verantwortlich sein. Unsere Sprache ist facettenreich. Die Verwendung einzelner Worte kann hier mehrdeutig verstanden werden. Ein Grund hierfür ist sicherlich auch eine Empfänger- und Senderproblematik. Einige von Ihnen verwendete Wörter können bei Ihrem Gegenüber nicht erwünschte Gefühle triggern, die Sie so zunächst nicht einschätzen können. Um Ihnen diesen Umstand darzustellen, soll Ihnen ein Beispiel dienen.

Beispiel für eine Kommunikation im Dating

Eine junge Frau traf sich seit geraumer Zeit mit einem sehr attraktiven und selbstsicheren jungen Mann. Er war Pilot und weltmännisch unterwegs. Sie arbeitete erfolgreich als Schriftstellerin. Ihre Kommunikation verlief zunächst primär über das Smartphone. Die junge Frau war jedoch bei einzelnen Verläufen irritiert. So reagierte ihr Herzensmensch bei der Verwendung des Wortes „erörtern" vollkommen negativ und machte sie darauf aufmerksam, dass er ihr den Sachverhalt nicht, wie in der Schule, im Rahmen einer Erörterung darlegen wird. Dieses Statement irritierte die junge Dame, denn sie wollte nur einen für sie unbedeutenden Sachverhalt schnell klären. Im Sprachgebrauch der Frau war das Wort „erörtern" einfach nur ein Synonym für „erklären". Was sie zu diesem Zeitpunkt noch nicht wusste, war, dass der weltmännische und so eloquente Pilot eine Lese-Rechtschreib-Schwäche hat, die ihm den Deutschunterricht in der Schule früher nicht einfach machte. Er wurde unterbewusst an eine für ihn unangenehme Situation erinnert, das Wort „erörtern" hat ihn getriggert. Das sorgte dafür, dass die Kommunikation hier einen zumindest temporär negativen Verlauf nahm.

Gängige Beispiele für Worte, die erfahrungsgemäß zu Mehrfachbedeutungen führen können, sind Folgende:

- Disziplin
- Einsatz
- Vertrauen
- Verantwortung

Je nach vorliegender Situation ist es hierbei sinnvoll, Mehrfachbedeutungen der Worte zu bedenken und im Zweifel Synonyme zu nutzen, die den Kommunikationsprozess vereinfachen können. Nutzen Sie beispielsweise das Sprachmittel der Verallgemeinerung.

Grundregeln der Kommunikation mithilfe der Sprache:

Die genauen sprachlichen Formulierungen werden sowohl durch die Wortwahl sowie den Satzbau geformt. Achten Sie darauf, dass Sie Ihre Sprache dem Verständnis Ihres Gesprächspartners angleichen, um hier Störungen oder Überforderungen im Kommunikationsprozess zu vermeiden. Nutzen Sie möglichst viele sprachliche Synergien, auf diese Weise suggerieren Sie Ihrem Gesprächspartner eine maximale Gleichwertigkeit. Das sorgt wiederum für Vertrauen und bildet eine gefühlstechnische Grundlage im Kommunikationsprozess. Das sprachliche Bild wird zudem von Ihrer verwendeten Wortwahl farblich beeinflusst. Ein bildhafter Sprachstil kann es Ihrem Gegenüber deutlich vereinfachen, Sachverhalte einzuordnen. Bedenken Sie, dass es für Sie einfacher wird, je verständlicher Sie für Ihren Gesprächspartner werden. Je mehr Sie verstanden werden, umso eher dringen Ihre Informationen in das Unterbewusstsein des Kommunikationspartners ein. Folglich können Sie so Ihre Akzente bzw. Ihre Anreize und Impulse zielführender einsetzen, um mögliche Beeinflussungen vorzunehmen. Hierdurch werden förmlich emotionale

Erlebnisse ausgelöst und Emotionen verbinden mehr als jeglicher, sachlogischer Fakt.

Die Grundlagen der Körpersprache des Menschen

Wenn Sie erfolgreich kommunizieren und somit psychologisch beeinflussen möchten, ist es unumgänglich, sich mit der Thematik der Körpersprache zu befassen, denn Sie können nicht nicht-kommunizieren. Bedenken Sie, dass Sie ständig, auch wenn Sie nichts sagen, durch Ihre Art, sich körperlich zu bewegen, an Ihr Gegenüber Impulse richten, die man in der Wissenschaft als nonverbale Kommunikation bezeichnet. Reflektieren Sie aufgrund dessen Ihre eigene Art, nonverbal zu kommunizieren. Welche Bewegungen machen Sie unterbewusst? Wie verhält sich Ihr Körper bei einer Kommunikation? Erst wenn Sie selbst für sich erkannt haben, welche Bewegungen Sie davon abhalten erfolgreich mit einem Menschen zu kommunizieren, werden Sie Ihr Gegenüber zielgerichtet ansprechen und manipulieren können. Im nachfolgenden Bereich werden die Grundlagen der Körpersprache behandelt, um Ihnen bei der Einordnung der Thematik zu helfen.

Die Kongruenz

Ein Geheimrezept für eine erfolgreiche Kommunikation ist sicherlich die Beachtung der sogenannten Kongruenz. Das bedeutet, dass Sie darauf achten sollten, eine höchstmögliche Übereinstimmung zwischen der verbalen und nonverbalen Kommunikation zu zeigen. Beachten Sie jedoch, dass es nur wirklich geübten Schauspielern gelingt, hierbei zu tricksen. Ihr Gegenüber wird Unterschiede beziehungsweise Gegensätzlichkeit der Kommunikation zumindest unterbewusst wahrnehmen mit der Folge, dass Irritation oder Zurückhaltung bei Ihrem Gesprächspartner eintritt. Ein plakatives Beispiel hierfür ist der Widerspruch aus einer zustimmenden Aussage und einer unterstützenden nonverbalen Kommunikation in der Form eines Kopfschüttelns. Häufig lässt es sich in der Praxis erkennen, dass Menschen, die nicht überzeugt von den eigenen Aussagen sind, dem Gesprächspartner nicht in die Augen sehen können oder sich vollkommen verlegen an der Nase kratzen. Beliebt hierbei ist auch Schutz hinter dem Schreibtisch zu suchen. Der Gesprächspartner wird infolge dessen zumindest unterbewusst die Gegensätzlichkeit der Situationen und Aussagen wahrnehmen. Das wiederum macht unterbewusste Beeinflussungen Ihrerseits schwieriger.

Haben Sie Ihre eigene Körpersprache im Blick

Kommunikation ist kein Hexenwerk. Man muss sich hierbei jedoch einigen Verhaltensweisen bewusst werden. Um körpersprachliche Akzente in die Bewusstseinsebene zu führen, bietet es sich z. B. an, sich zunächst mit den eigenen Bewegungen zu beschäftigen.

Beantworten Sie sich hierzu folgende Fragestellungen:

- Wie verläuft Ihr Verhalten, wenn Sie unsicher werden?
- Im Falle der Unsicherheit, können Sie Ihrem Gesprächspartner noch in die Augen schauen?
- Sind Sie in der Lage Offenheit zu zeigen, indem Sie aufrecht stehen oder sitzen?
- Verbergen Sie bei Unsicherheit Ihre Hände in den Hosentaschen?
- Können Sie Interesse suggerieren, indem Sie eine offene Sitzhaltung am Tisch einnehmen?
- Tendieren Sie dazu, sich bei Desinteresse oder Irritation zurückzulehnen und die Arme zu verschränken, um entweder Arroganz oder auch Unsicherheit zu zeigen?

Das Potenzial der Fehlinterpretation

Wer körpersprachliche Akzente verstehen und einschätzen möchte, sollte sich jedoch mit den unterschiedlichen Interpretationen der einzelnen Gesten und Verhaltensweisen beschäftigen, denn nicht jede Bewegung muss zwangsläufig auch die gleiche Aussage betreffen.

Das Verschränken der Arme kann z. B. unterschiedlich gewertet werden und lässt reichlich Raum zur Fehlinterpretation. So bedeutet diese Geste bei einem Vortrag Aufmerksamkeit, kann jedoch in einer langen und schwierigen Diskussion Abwehr bedeuten. Eine gemeinsame Bedeutung ist jedoch eine grundlegende Passivität im Kommunikationsprozess. Die Passivität hat in diesem Kontext aber ganz unterschiedliche Beweggründe, die bei der Einschätzung einer Situation wichtig ist.

Beachten Sie den Gesamtkontext der Situation

Um das Gegenüber und seine Beweggründe nicht vorschnell zu beurteilen oder zu verurteilen, ist es dringend zu empfehlen, den gesamten Handlungskontext zu beobachten. Die nonverbale Kommunikation bedarf hier einiges an Übung, um die richtigen Schlüsse zu ziehen. Körpersprachliche Aspekte umfassen die wichtigen Punkte wie Gestik, Mimik, Bewegungen, Handlungen oder auch die Haltung. Wenn Sie wirklich erfolgreich kommunizieren möchten, dann schenken Sie diesen Aspekten sehr viel Aufmerksamkeit. Beachten Sie, dass hierin das sprichwörtliche Geheimnis der Kommunikation liegt, was über Erfolg oder Misserfolg entscheidet.

Informationen, die Ihr Gegenüber aus einer Kommunikation ziehen kann:

- 55,00 % aus Ihrer Körpersprache
- 38,00 % aus dem genutzten Tonfall
- 7,00 % aus dem gesprochenen Wort

Wissenschaftler betiteln die Körpersprache eines Menschen als eine Art überlieferten persönlichen Code, der dafür sorgt, dass menschliche Beziehungen reguliert, Machtstrukturen aufrechterhalten und bestehende soziale Ordnungen gefestigt werden können. Zu bedenken gilt darüber hinaus, dass Sie ebenso kulturellen Verhaltensunterschieden einen Tribut zugestehen sollten, wenngleich auch die grundlegenden Verhaltensmuster sehr ähnlich sind.

Annahmen der Körpersprache

Sie können die Körpersprache als eine Art des Selbstausdruckes verstehen, der Ihnen dabei hilft, das persönliche Befinden zu identifizieren. Sie können aufgrund dessen interpretieren, wie souverän jemand ist und wie genau sich diese Person in einer bestimmten Situation vermutlich fühlt. Ist Ihr Gegenüber eher resignierend, so wird sich das in einer eingefallenen und passiven Körperhaltung zeigen. Sollte Ihr Gesprächspartner freundlich und interessiert sein, so werden Sie diesen Umstand an einer offenen Körperhaltung erkennen.

Mimik des Gesprächspartners sind ebenso sehr aussagekräftig, denn Sie können hieran bestimmte Gefühlszustände erkennen. Einige Aspekte lassen sich aufgrund der psychosomatischen Nervensystemreaktion auch taktisch nicht unterdrücken, wie erweiterte Pupillen oder das Erblassen der Haut. Solche „Aussagen“ sind als körpereigene Reaktionen zu werten, die nicht lügen.

Die Gestik sorgt ebenso für klare Akzente der nonverbalen Kommunikation. Hierzu zählen Handbewegungen oder auch Fingerspiele, die Ihnen mit einem geschulten Blick einige Aspekte des Gefühlszustandes Ihres Gegenübers offenlegen.

Der Tonfall in der Kommunikation ist ebenso ein Indikator mit Aussagekraft. Die Stimmfärbung und der Tonfall können auf den Gesprächspartner entweder offen oder ablehnend wirken und haben einen entscheidenden Einfluss darauf, wie Sie im Gespräch wahrgenommen werden.

Wie das Unterbewusstsein des Menschen funktioniert

Das Unterbewusstsein ist eines der Parameter, die den Menschen maßgeblich in seinen Handlungen und Wahrnehmungen beeinflussen. Hierzu entwickelte sich in den vergangenen Jahren ein weitreichendes Verständnis. Zu dieser Verständnisentwicklung führten einige neurologische Entdeckungen. So fanden Wissenschaftler beispielsweise heraus, dass Gedanken eines Menschen durch elektrische Impulse ausgelöst werden, denn diese Impulse sorgen im Gehirn dafür, dass chemische Umschaltungen initiiert werden. Hieraus lässt sich die sprichwörtliche Aussage untermauern, dass Gedanken Kräfte sind, oder anders formuliert im Sinne der „Kraft der Gedanken“.

Immer dann, wenn das Gehirn einen Gedanken bekommt, werden verschiedenartige Prozesse ausgelöst. So werden beispielsweise chemische Kontrollsubstanzen im menschlichen Körper freigesetzt. Das wiederum ist die Grundlage für ein Individuum, sein Handeln oder auch Reagieren durchzuführen. Immer dann, wenn Sie einen Gedanken denken, werden eine Vielzahl von chemischen und elektrischen Prozessen im menschlichen Gehirn ausgelöst ohne, dass Sie dieses Vorgehen aktiv wahrnehmen oder die Gründe dahinter tatsächlich kennen. Die mentale Programmierung der Kindheit ist im Übrigen ausschlaggebend dafür, wie Ihr Unterbewusstsein mit den erhaltenen Informationen umgeht.

Wie entsteht das menschliche Unterbewusstsein?

Sie können das Unterbewusstsein durchaus mit einer Art Schallplatte vergleichen. Mit der Geburt erhalten Sie eine Schallplatte ohne Rillen, die quasi vollkommen jungfräulich ist. Im Verlauf des Lebens wird die Platte zunehmend beschrieben und erhält ihre individuellen Rillen, die sich aus den gesammelten Erfahrungen ergeben.

Haben Sie beispielsweise folgende Verhaltensmechanismen?

- Sind Sie recht schnell gekränkt?
- Entstehen bei Ihnen Schuldgefühle, wenn Sie bei einem Gesprächspartner einer Bitte nicht entsprechen?
- Haben Sie sofort ein schlechtes Bauchgefühl, wenn Sie jemand kritisiert?
- Sind Sie cholerisch und explodieren häufig?

Sollten Sie sich hier wiederfinden, dann haben Sie nun eine kleine Ahnung davon erhalten, zu was Ihr Unterbewusstsein fähig ist. Denn bei allem, was Ihnen tagtäglich wiederfährt und Sie erleben, hat Ihr Unterbewusstsein einen ganz natürlichen und automatischen Anteil. Es ist folglich Ihr persönliches Gefühls- und Verhaltensprogramm.

Vergleichen Sie das Unterbewusstsein mit einem Navigationssystem. Wenn Sie an ein Ziel möchten, leitet das System Sie dorthin. Bedenken Sie jedoch, dass es unendlich viele Kreuzungen auf dem Weg zum Ziel gibt. Alle bewussten Entscheidungen gehen in diesem Rahmen auf das Unterbewusstsein zurück. Mitunter hilft es jedoch, dem internen Betriebssystem eine neue Fassung aufzuspielen, um einzelne Verhaltensaspekte zu überarbeiten.

Die Beeinflussung des Unterbewusstseins

Wenn Sie nun die Befürchtung haben, dass Sie Ihrem eigenen Unterbewusstsein hilflos ausgesetzt sind, so können Sie beruhigt sein, denn mit Training und Ausdauer kann man hier verhaltenstechnische Modifikationen nachhaltig vornehmen.

- „Ich bin zu blöd für alles."
- „Ich werde es nie zu etwas im Leben bringen."
- „Aus mir wird später nie etwas werden."
- „Man hat mit mir nichts als Ärger."
- „Mit mir muss man sich schämen."

Wenn Sie diese Überzeugungen bzw. diese Aussagen von Ihren nahen Bezugspersonen im Kindesalter immer wieder vernommen haben, so formte sich in Ihrem Unterbewusstsein ein negatives Eigenbild, das den später erwachsenen Mensch negativ beeinflusst. Bedenken Sie, dass das Unterbewusstsein diese Programmierungen auch infrage stellen kann. Hierzu müssen nur nachhaltig einige Hebel betätigt werden, die unter anderem durch spezielle Coachings oder auch verhaltenstherapeutische Ansätze gefunden werden können.

6

Suggestive Manipulationstechniken

Manipulationstechniken sind vielseitig und können durchaus unterschiedliche Gesichter tragen. Eine sehr beliebte Methode, um zu manipulieren, ist die Verwendung von sogenannten Suggestivfragen. Hierbei versucht ein Fragesteller, Einfluss auf eine andere Person zu nehmen, um deren Antworten zu manipulieren. Unwissenheit schützt vor Nachteil nicht! Manipulationen und ihre Techniken können jedoch für einen geschulten Beobachter erkennbar sein. Damit Sie sich vor suggestiven Manipulationstechniken schützen können, erfahren Sie im nachfolgenden Abschnitt, auf was Sie genau achten müssen.

Die Suggestivfrage als sprachliches Stilmittel zur Manipulation

Um sich auf Suggestivfragen vorzubereiten, müssen Sie zunächst einmal Suggestivfragen erkennen. Eine Suggestivfrage ist ein sprachliches Mittel. Hierbei möchte ein Fragesteller eine Unterredung oder Diskussion ganz in seinem Sinne in eine bestimmte Richtung lenken. Ein anderes Wort für Suggestivfrage ist eine Lenkfrage. Solche Fragestellungen finden z.B. innerhalb von Befragungen häufig Einsatz, um ein bestimmtes und vor allem gewolltes Ergebnis zu begünstigen.

Wie verhält es sich mit dem Aufbau der Suggestivfrage?

Auch eine Suggestivfrage wird, wie eine ganz normale Frage, mit einem Fragezeichen beendet. Das ist in diesem Sinne jedoch auch schon die einzige Gemeinsamkeit, die zu finden ist, denn es handelt sich hierbei primär um eine Aussage, die Sie lediglich mit einem Richtig erwidern können.

Elemente einer Suggestivfrage

Eine Suggestivfrage beinhaltet gewisse Elemente, die im folgenden Verlauf kurz aufgezählt und später erläutert werden. Das hilft Ihnen ganz maßgeblich dabei, dieses sprachliche Mittel in der Praxis zu erkennen.

- Die Unterstellung als wichtiges Instrument der Suggestivfrage
- Die Verallgemeinerung als wichtiges Instrument der Suggestivfrage
- Die Verstärkung als wichtiges Instrument der Suggestivfrage

Die Unterstellung als wichtiges Instrument der Suggestivfrage

Bei der Unterstellung handelt es sich um ein absolutes Kernelement einer Suggestivfrage. Hierbei wird die Meinung des Fragestellers in den Fokus gestellt und mit einer direkten Ansprache kombiniert. „Sie wünschen, Sie denken“ oder „Sie möchten“ finden sich in diesen Formulierungen sehr häufig.

Die Verallgemeinerung als wichtiges Instrument der Suggestivfrage

Hierbei nutzen geschickte Redner sehr erfolgreich vergleichende Nebensätze. Beispielhaft hierfür sind „wie alle anderen“ oder das Fragment „auch“. Diese sprachlichen Stilmittel sorgen dafür, dass das Individuum schneller zustimmt.

Die Verstärkung als wichtiges Instrument der Suggestivfrage

Eine Reihe von Suggestivfragen beinhalten zudem Komponenten wie Unterstellungen, um eine Aussage künstlich zu verstärken. Hiermit wird suggeriert, dass eine Verneinung der Thematik eher unwahrscheinlich ist. Hervorragende Beispiele hierfür sind Formulierungen wie „hoffentlich“, „sicher“ oder auch „bestimmt“.

Wann werden im Regelfall Suggestivfragen gestellt?

Suggestivfragen können in ganz verschiedenen Bereichen gestellt werden. Zumeist findet man dieses Stilmittel jedoch im Marketing oder dem Verkauf. Die Verwendung solcher manipulativer Fragetechniken soll den Kunden zum Kauf von Waren und Dienstleistungen bewegen. Hierdurch können passgenaue Fragetechniken einen Bedarf des Käufers suggerieren.

Wann sollte man auf Suggestivfragen verzichten?

Wenn Sie eine Situation erschaffen wollen, in der Sie keine Beeinflussung bzw. Manipulation des Gesprächspartners kreieren wollen, sollten Sie auf Suggestivfragen verzichten, denn hier entsteht automatisch eine Beeinflussung.

Beispiele für Suggestivfragen

In Meetings oder auch in Workshops gibt es eine große Bandbreite an suggestiven Fragetechniken und Manipulationsansätzen.

Gängige Fragen hierbei können sein:

- Möchten Sie diese einmalige Chance in Ihrem Leben tatsächlich verpassen?
- Sie denken doch auch, dass der Kandidat die bessere Option aufgrund der hohen Berufserfahrung ist?
- Wie alle übrigen Teilnehmer möchten Sie doch sicher auch Möglichkeiten finden, um sich für das professionelle Event zu engagieren?

Ansätze, um auf Suggestivfragen passend zu reagieren

Auch wenn Sie erkennen, dass der Fragesteller Ihnen gegenüber Suggestivfragen nutzt, kann die Beantwortung solcher Fragen eine Herausforderung sein. Im nachfolgenden Abschnitt erfahren Sie, wie genau Sie auf die sogenannten Lenkfragen professionell antworten können.

Übergehen Sie die Suggestion

Suggestivfragen suggerieren Ihnen immer, dass es nur eine Lösung gibt. Das ist jedoch ganz explizit nicht so. Sie haben Aufgrund dessen auch keinen Zwang, diese Annahme zu bejahen. Fassen Sie Ihren Mut zusammen und negieren Sie die Formulierung.

Stellen Sie eine Gegenfrage

Sie müssen auf eine solche Frage nicht direkt antworten. Stellen Sie vielmehr eine Gegenfrage, in der Sie die vernommene Unterstellung der Suggestivfrage klar pointiert aufnehmen und für sich widerlegen.

Sprechen Sie Ihren Eindruck ganz direkt an

Immer dann, wenn Sie den Eindruck haben, dass Ihnen eine Suggestivfrage gestellt wird, sollten Sie darüber nachdenken, Ihren Eindruck zu kommunizieren. Hierdurch sinkt der Einfluss der Fragestellung erheblich und Sie kontrollieren die Situation erneut.

7

Weitere Manipulationstechniken

Um Ihnen eine weitere Möglichkeit zu bieten, das Ausmaß an Techniken zur Manipulation zu erfassen, finden Sie im kommenden Abschnitt eine breite Darstellung weiterer Manipulationstechniken, was Ihnen dabei helfen wird, Beeinflussungen zu erkennen und in diesem Kontext gezielt selbst einzusetzen.

Manipulation durch Kompromisse

Manipulatoren nutzen häufig die Kunst der Kompromisse. Kompromisse eignen sich besonders dann, wenn Ihr Gegenüber Ihnen „auf die Schliche gekommen ist" und Sie somit Ihr Ziel oder Ihren Willen nicht mehr zu

100% durchsetzen können. Durch gleichzeitige Kombination mit Suggestivfragen lässt sich Ihr Gegenüber gezielt in eine Richtung lenken. Wenn jemand versucht, Sie durch Kompromisse zu manipulieren und Ihnen einen Kompromiss anbietet, hinterfragen Sie bitte die Konsequenzen für sich.

Manipulation durch die Beschreibung von Kompetenzen

Der Manipulator bringt im Gespräch ganz explizit die eigenen Kompetenzen sehr prägnant ein und sorgt auf diese Weise dafür, dass der stille Gesprächszuhörer nicht zu Wort kommt und in Vergessenheit gerät. Parallel beginnt das Gegenüber sich bei dieser Form bereits nach kurzer Zeit klein zu fühlen und den Gesprächspartner als besser einzuschätzen. Ein typischer Satz, um die Kompetenz hierbei in den Fokus zu rücken, ist: „Das habe ich in einem ähnlichen Projekt bereits mehrfach erfolgreich durchgeführt."

Manipulation durch die Darstellung von Konsequenzen

Wenn Sie Ihren Gesprächspartner zu einem bestimmten Verhalten motivieren wollen, so ist es sinnvoll, die positiven Konsequenzen einer Handlung in den Fokus zu stellen. Der Mensch hat in seinen Grundfesten noch das System von Belohnung und Bestrafung integriert. Diesen Ansatz sollte man sich hierbei zunutze machen. Ein Beispiel aus der Praxis ist, dass ein Arbeitgeber seinem Mitarbeiter eine Beförderung anbietet, wenn er einen gleichwertigen Job, den man ihm in einer anderen Stadt angeboten hat, ausschlägt. Das wäre für den Mitarbeiter mit einem Umzug verbunden gewesen und hätte Auswirkungen auf die familiäre Situation nach sich gezogen.

Manipulation durch Bewertungskriterien

Eine ebenso gute Möglichkeit zu manipulieren ist die Manipulation durch bestehende Bewertungskriterien. Man bietet hierbei einem Hörer unterschiedliche Möglichkeiten an, die jedoch sehr unterschiedlich zu bewerten sind. Eine Bewertung fällt dabei deutlich schlechter aus. Die Politik nutzt beispielsweise die Manipulation durch Bewertungskriterien. Ein überspitzter Ansatz hierbei ist die Frage: „Möchten Sie eine starke Rechte und somit eine soziale Stärke oder möchten Sie einen Clown als Präsidenten?“

Manipulation durch Wiederholungen

Steter Tropfen höhlt den Stein. Hierbei handelt es sich um eine alte, aber sehr zutreffende Verkaufseinstellung im Absatzgeschäft. Diese Manipulationstechnik findet man in der Fernsehwerbung. Es werden immer wieder gleiche Werbespots im TV gezeigt. Der potenzielle Käufer wird auf diese Weise immer und immer wieder mit einem Unternehmen und einem Produkt konfrontiert. Solange bis er für das Produkt zugänglicher wird. Sie könnten zum Beispiel Ihre Argumente oder Ansichten immer wieder wiederholen, bis Ihr Gegenüber ebenso zugänglicher wird.

Manipulation durch Angst

Panische Angst war in keinem Lebensbereich jemals ein guter Berater für Handlungen oder Entscheidungen. Da Menschen sich jedoch sehr, sehr stark von den Gefühlen leiten lassen, sind sie anfällig für Angst. Oft ist Angst ein lähmender Faktor für Handlungen und setzt die Vernunft aus. Wenn Sie beispielsweise jemanden in seinen Handlungen lähmen wollen, so lösen Sie Angst bei ihm aus. Derjenige wird erst einmal nicht mehr in der Lage sein zu agieren. Um Angst noch ein wenig zielgerichteter anzuwenden, empfiehlt es sich, sie mit Zeitdruck zu verbinden. Wenn jede Sekunde zählt in einer beinahe ernsten Situation, dann ist das ein hervorragender Nährboden für Manipulation.

Manipulation durch Sprache

Eines der klassischsten Beispiele hierfür ist sicherlich die Verwendung von Worten, die schlicht nicht hinterfragt werden, wie „man“. Die Gemeinschaft ist Normen unterworfen und diese Normen werden bei dieser Manipulation angesprochen. Der obrigkeitshörige Bürger wird solche Formulierungen nicht weiter kritisch beurteilen.

Manipulation des Denkens

Das menschliche Denken verläuft zu einem enormen Anteil unterbewusst ab. Es ist tatsächlich nur ein kleiner Anteil bewusst. Aufgrund dessen lässt sich das Denken eines Menschen ebenso beeinflussen.

Sie können beispielsweise aus einer Situation mittels Schlagwörter mehr machen, als sie tatsächlich ist. Etwas, das weiß ist, könnte auf einmal „superweiß“ sein. Auch die Nutzung von Fremdwörtern kann das Gegenüber verunsichern und stark irritieren, denn niemand möchte als unzulänglich und inkompetent gelten. Menschen, die beispielsweise an Präsentationen oder Veranstaltungen teilnehmen, die einen hochintellektuellen Inhalt haben, führen regelmäßig zur Überforderung der Teilnehmer. Die Teilnehmer outen sich jedoch nicht als überfordert. Vielmehr entsteht eine kleine Eigendynamik. Man kann dem Publikum so Gedankengut mitgeben, dass sie zukünftig teilen, ganz ohne es zu hinterfragen. Interessant ist es ebenso in einem solchen Kontext Techniken der Dialektik anzuwenden. Hierbei werden Menschen mit Übertreibungen, Fangfragen oder auch Verdrehungen konfrontiert. All diese Mittel zielen auf die Manipulation der Gedanken ab und können in der Tat hochwirksam sein.

Manipulation von bestehenden Informationen

Um sich eine breite und nachhaltige Meinung bilden zu können, ist es unumgänglich, dass Sie sich alle notwendigen Informationen einholen. Doch genau hier sitzt ein ausgezeichneter Hebel für die Manipulation. Wenn derjenige, der manipuliert werden soll, nicht alle, nicht relevante oder unwahre Informationen erhält, so kann sich derjenige keine ungefärbte und vor allem objektive Meinung bilden. Wenn Sie sich die

Kommunikations- und Informationspolitik der DDR ansehen, erkennen Sie ein Paradebeispiel einer solchen Informationspolitik. Hier wurden unbewusst und bewusst Informationen auf diese Art verbreitet und parallel zu bestimmten Themen Überinformationen erschaffen, die dazu führten, dass die Bürger über-informiert waren und nicht mehr von wichtig und unwichtig unterscheiden konnten. Informationen, die eigentlich wichtig waren, wurden zur Nebensache deklariert und Themengebiete, die nicht wichtig waren, wurden in epischer Breite dargelegt. Zudem wurden Informationen vorenthalten, um Beeinflussungen zu initiieren.

Manipulation der Bedürfnisse

Jeder Mensch hat Bedürfnisse und möchte diese Bedürfnisse auch befriedigen. Ein Mensch mit manipulativen Zügen wird immer versuchen, diese Bedürfnisse zu identifizieren und demjenigen eine Bedürfnisbefriedigung zu suggerieren, wenn er spezielle Entscheidungen trifft oder ein bestimmtes Verhalten an den Tag legt. Finden Sie also die Bedürfnisse Ihres Gegenübers heraus und zeigen Sie ihm, dass er diese gestillt bekommt, wenn er auf die Weise handelt oder denkt, die Sie im Sinne haben.

Die Aktivierung des schlechten Gewissens

Menschen lassen sich durch Emotionen führen, lenken und leiten. Diesen Fakt unterschätzen viele Menschen sehr stark. Schlüssige Informationen sind super, dennoch reagieren Menschen nachhaltiger aufgrund von Emotionen. Eines der nachhaltigsten Mittel, um Manipulationen abzuwenden, ist die Aktivierung eines schlechten Gewissens. Plädieren Sie beispielsweise mit Worten wie: „Ich fühle mich bei diesen Vorgehensweisen schlecht oder überlastet". Auch ein Manipulator möchte nicht schuld an Ihrem schlechten Fühlen sein. Niemand möchte gerne an etwas Negativem schuld sein. Machen Sie sich diesen Umstand zunutze. Parallel sollten Sie jedoch auch darauf achten, dass Sie sich von einer anderen Person kein schlechtes Gewissen einreden lassen. Geübte Manipulatoren setzen bei diesem emotionalen Thema gezielt an.

Falsche Alternativen

Ein hervorragendes Instrument, um etwas abzuwenden, das Sie nicht möchten, oder um eine Situation zu forcieren, die Sie wiederum möchten, ist es, falsche Alternativen anzubieten. Das funktioniert beispielsweise sehr gut in der Kindererziehung. Oft möchten Kinder nicht freiwillig Schuhe anziehen. Hier ist ein gutes Instrument, Ihrem Kind einfach zwei unterschiedliche Schuhpaare anzubieten, zwischen denen das Kind wählen kann. So hat es eine Auswahl und wird sich entscheiden. Das Kind wird Sie hierbei weniger wahrscheinlich abwehren, als wenn Sie ihm keine Auswahl anbieten würden.

Mitleid erwecken

Geübte Manipulatoren finden Menschen toll, bei denen sie gezielt Mitleid erwecken können. Hiermit ist die typische Opferrolle gemeint. Kennen wir nicht alle Menschen, die irgendwie immer Opfer einer Situation sind? Bei diesen Menschen ist Vorsicht geboten, denn häufig sind Menschen, die sich ständig in der Opferposition sehen, sogar die Täter. Doch dieses Zusammenspiel werden Sie erst erkennen, wenn Sie einen genauen Blick auf die Situation werfen und Ihr Gegenüber beobachten. Seien Sie grundsätzlich vorsichtig hierbei, setzen Sie Grenzen und werfen Sie immer kritische Fragen auf. Bedenken Sie jedoch, dass Sie in diesem Kontext behutsam und empathisch vorgehen sollten, um nicht als Buhmann einer Situation zu gelten.

Schwarzmalerei

Eines der effektivsten Mittel ist es, Grenzen zu kommunizieren und in Situationen, die eigentlich dynamisch fortschreiten sollen, Barrieren zu kommunizieren und eine gewisse Schwarzmalerei anzusetzen. Denn der Mensch ist vom Inneren so aufgestellt, dass er zunächst einmal einen Schritt zurückgeht, wenn er mit Problemen konfrontiert wird. Eine der besten Lösungsmöglichkeiten, um Menschen mit solchen Absichten auszuhebeln ist es, auch hier objektive Fragen zu stellen, um Antworten zu erhalten. Das Gegenüber wird so in die Situation versetzt, konstruktiv auf Fragen zu reagieren. Wenn diese Person das nicht machen möchte oder kann, so ist es offensichtlich, dass die eingeworfenen Barrieren nur Makulatur sind. Somit verliert die Schwarzmalerei an Bedeutung.

Angst nutzen

Der Mensch lässt sich schnell von Ängsten und Barrieren lenken und leiten. Wenn Sie in Gesprächen bemerken, dass Ihr Gegenüber versucht, Sie mit Ihren Ängsten zu konfrontieren oder Ängste kommuniziert, so halten Sie am besten erst einmal an. Hinterfragen Sie genau, wie derjenige auf die entsprechenden Ängste kommt und ob die Ängste begründet sind. Hiermit setzen Sie klare Grenzen und führen das Gespräch von einer nicht greifbaren emotionalen Ebene in eine greifbarere und vor allem objektivere Position. Sie erlangen folglich wieder Kontrolle.

Trick der Menge

Der Trick der Menge ist ein beliebtes Instrument von Manipulatoren. Wenn die Mehrzahl einer Gruppe der vermeintlich gleichen Meinung ist, werden diejenigen, die bestimmte Situationen kritischer hinterfragen, dennoch eher gewillt sein, die getätigten Annahmen und Statements unkommentiert hinzunehmen. Aus solchen Ereignissen ergibt sich dann zumeist eine Art der Massendynamik, wie man sie im Dritten Reich genutzt hat, um das rechtsradikale Gedankengut zu verbreiten. Bei solchen Geschehnissen nützt es nichts, dass einzelne Personen hier direkt in die Gegenoffensive gehen. Vielmehr hilft es ungemein zu verstehen, wie es zu einer solchen Dynamik kommen kann, um Sie im Nachhinein durch gezielte Aktionen zu zerstören.

Scheinargumente

Um eine Situation oder eine Diskussion in eine bestimmte Richtung zu lenken, nutzen Manipulatoren sehr gerne Scheinargumente. Hierbei handelt es sich um Argumente, die eigentlich keine Argumente sind. Oft und gerne werden hier vermeintliche wissenschaftliche Studien oder Experten zitiert, um eigene Aussagen zu begründen. Diese Vorgehensweise findet man sehr häufig in unterschiedlichen Bereichen. Ein probates Mittel ist es hierbei durchaus, auf eigene Studien oder weitere Experten zu verweisen, die andere Annahmen haben, um dem Manipulator ein wenig in der Dynamik zu bremsen oder kritische Fragen zu stellen, um denjenigen auszuhebeln. Oft treten Manipulatoren bei kritischen Gegenfragen in den Rückzug, und das ist genau das, was Sie wollen, um Ihre Interessen durchzusetzen.

Gesprächsunterbrechung

Vielleicht ist es Ihnen bereits aufgefallen? Eine Unterbrechung kann eine Diskussion oder Situation in eine vollkommen andere Bahn lenken. Dieses Wissen haben Manipulatoren ebenso. Wenn Sie folglich in einer hitzigen Diskussion sind und sich die Argumente auf Ihrer Seite befinden, so sollten Sie sich nicht darüber wundern, dass es zu einer initiierten Unterbrechung der Diskussion kommt. Hier soll Ihnen der Gesprächsdrive genommen werden. Parallel sucht der Manipulator in solchen Pausen nach neuen Ansätzen, um Sie zu manipulieren und zu verunsichern. Um diese Bestrebungen und Vorgehensweisen abzuwehren, bleiben Sie zunächst bei sich und lassen Sie sich nicht verunsichern. Begegnen Sie Gesprächsunterbrechungen mit Durchsetzungsstärke. Wenn Sie bemerken, dass Sie den Faden im weiteren Verlauf der Situation verloren haben, dann wenden Sie doch auch einmal dieses Instrument an, um Ihr Gegenüber ebenso zu verunsichern.

Kritische Fragen

Es gibt Menschen, die immer besonders viele Fragen stellen. Haben Sie sich schon einmal selbst die Frage gestellt, ob es sich hierbei um eine Art Taktik handelt? Wenn Situationen kritisch sind und Manipulatoren die Argumente ausgehen, so stellen sie Fragen. Hierbei handelt es sich um Fragen, die Sie verunsichern sollen und vom eigentlichen Problem ablenken. Helfen Sie der Situation etwas nach, indem Sie immer wieder zum Kern der Thematik zurückkommen. Lassen Sie sich nicht ablenken und von Ihrer Agenda abhalten. Stehen Sie selbstbewusst zu Ihren Aussagen und wehren Sie die Fragen ab. Die Eröffnung von Nebenkriegsschauplätzen ist ein beliebtes Vorgehen manipulativer Menschen, insbesondere dann, wenn die Hauptsituation ihnen keine Angriffspunkte gibt, um Sie zu diskreditieren.

Der Besitztumseffekt

Bei dem Besitztumseffekt handelt es sich um eine durchaus psychologische Komponente, die besagt, dass wir Dinge mögen, die wir haben. Das lässt sich auch auf Beziehungen anwenden. Lieben Sie Ihren Partner beispielsweise, weil Sie ihn einfach lieben oder lieben Sie Ihn, weil Sie ihn einfach „besitzen"? Vor allem im Verkaufsbereich findet dieser Aspekt Anwendung, denn hier wird Ihnen gerne und nachhaltig suggeriert, dass Sie etwas ganz besonders erst in dem Augenblick gerne haben, wenn Sie es tatsächlich besitzen. Lassen Sie sich bei dem Kauf von Gegenständen hiervon nicht leiten, sondern halten Sie sich diesen Effekt vor Augen, um von teuren Investitionen Abstand zu nehmen.

Die Argumentationsfalle

Manipulatoren, die ein Ziel umsetzen wollen, werden oft und viele Argumente für Ihre Vorhaben finden und diese auch kommunizieren. Lassen Sie sich von dem Überschwall an Argumenten nicht blenden oder überfordern. Behalten Sie einen kühlen Kopf und besinnen Sie sich auf Ihre Beweggründe und Ziele. Hinterfragen Sie durchaus einige prägnante Argumentationen Ihres Gegenübers und scheuen Sie sich nicht davor, das eine oder das andere Argument ins Lächerliche zu ziehen. Begegnen Sie Ihrem Gegenüber mit Geschick und der Fähigkeit, ihm auf Augenhöhe zu begegnen, ohne dabei Ihr Gesicht zu verlieren.

Die Analogie-Technik

Bei der Analogietechnik werden Sie in eine Situation versetzt, die Ähnlichkeit mit der relevanten Situation hat. Hierbei gilt jedoch, dass Sie die Annahmen, die hiermit einhergehen, sehr kritisch würdigen sollten, um nicht in eine rhetorische Falle zu tappen. Die Analogietechnik bietet viel Potenzial, zu beeinflussen oder beeinflusst zu werden. Sollten Sie jedoch Tendenzen im Gespräch erkennen, die Sie nicht möchten, so legen Sie ein klares Veto ein. Kommunizieren Sie direkt, dass Sie hiermit nicht übereinstimmen, um den Drive aus einer Situation zu nehmen, die sich andernfalls in eine Richtung entwickeln würde, die Sie so nicht möchten.

Der emotionale Appell

Menschen reagieren auf Emotionen. Dieser Umstand ist kein Geheimnis, dennoch beachten Sie bei Ihrem Gesprächspartner, ob er eine Tendenz dazu aufweist, die Emotionen zu bündeln. Manipulatoren lieben es, an Ihre Schwachstellen zu appellieren, und das sind im Regelfall Emotionen. Ziehen Sie sich bei solchen Ereignissen aus der Situation, um Abstand zu schaffen. Das verhilft Ihnen, einen ruhigen Kopf zu behalten und sich nicht auf einer emotionalen Ebene berühren zu lassen. Sie sind somit weniger anfällig für emotionale Appelle.

Killer-Phrasen

Hierbei handelt es sich um Totschlagargumente, gegen die eigentlich niemand etwas sagen kann. Manipulatoren lieben die Anwendung solcher Killer-Phrasen, da man ihnen so wenig entgegnen kann. Um einer Totschlagphrase Herr zu werden, reagieren Sie am besten mit Gegenfragen, die Ihr Gegenüber nicht unterschlagen darf. Sie versetzen sich somit in die Situation, eine solche Unterhaltung wieder zu führen und erlangen Kontrolle.

Trivialitätstrick

Wenn Ihnen immer wieder jemand triviale Aussagen entgegnet und Ihre Anliegen somit bagatellisiert, dann nutzt Ihr Gegenüber scheinbar den Trivialitätstrick. Ihre Beweggründe, Argumente und Sichtweisen sowie Ihre initiierte Arbeit an einem Thema werden untergraben. Sie werden sozusagen als Person untergraben! Auch an dieser Stelle hilft es, Ihrem Gegenüber deutlich klarzumachen, dass es sich in diesem Kontext nicht um Bagatellen handelt und Sie Ihren Standpunkt verteidigen und das mit allem dazugehörigen Selbstbewusstsein. So werden Sie wieder Herr der Situation.

Blockieren und Sabotieren

Bemerken Sie bei Ihrem Gegenüber, dass Ihre Anliegen und Vorgehensweisen immer wieder blockiert oder sogar sabotiert werden? Dann glauben Sie bitte nicht an Zufälle! Hier sind Vorsicht und ein gesundes Augenmaß angebracht. Hinterfragen Sie ganz genau, was hier vonstattengeht und holen Sie sich Unterstützung von entsprechenden Promotoren, die Ihnen dabei helfen, Ihre Anliegen weiter zu forcieren und den bestehenden Opponenten auszuhebeln.

Lügen

Lügen können schnell geäußert sein. Immer dann, wenn Sie erkennen, dass Sie einer Lüge aufsitzen oder mit einer Lüge konfrontiert werden, seien Sie vorsichtig. Hier hat offensichtlich jemand kein gesteigertes Interesse, dass Sie in einer Angelegenheit weiterkommen. Identifizieren Sie die Person, sprechen Sie sie darauf an oder suchen Sie sich im Verborgenen Menschen, die Ihnen dabei helfen, Ihre Anliegen über den Kopf des „Lügners“ dennoch durchzusetzen.

8

Techniken des Neurolinguistischen Programmierens

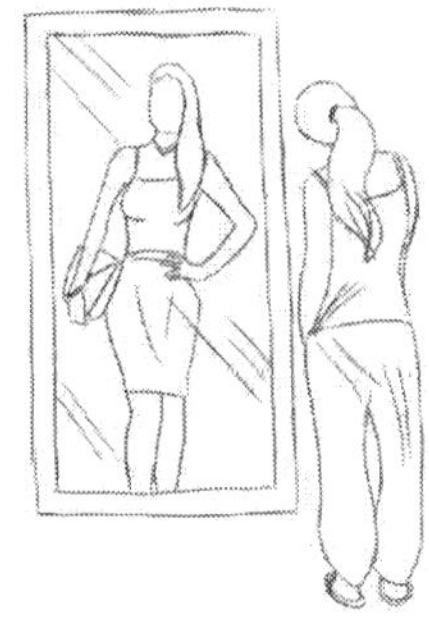

Neurolinguistische Programmierung findet man in der Praxis zumeist unter dem Kürzel NLP.

Kurzum beschreibt NLP drei prinzipielle Ausdrücke. Zum einen geht es darum, sich mit den Vorgängen des Gehirns, deshalb der Begriff „Neuro“, zu beschäftigen. Neben dem Neurobereich tangiert NLP das Segment der

Sprache, aufgrund dessen wird hier der Begriff „linguistisch" in die Beschreibung implementiert. Der dritte Part tangiert abschließend das „Programmieren", denn man möchte auf der Basis der systematischen Handlungsweisen Änderungen beim Individuum erzeugen. Eine genaue wissenschaftliche Beschreibung von NLP gibt es nicht, vielmehr findet man in der Fachliteratur verschiedene Ansätze, um NLP zu skizzieren. Im Regelfall findet sich die Beschreibung, dass es sich um Kommunikationsmodelle handelt, die dafür sorgen, dass Handlungsänderungen erzielt werden durch eine klar pointierte und zielgerichtete Kommunikation.

Ansichten, was NLP wirklich ist:

- NLP wird als Haltung verstanden
- NLP wird als Methode verstanden
- NLP ist eine Kombination aus Formaten und Techniken, mit denen man Verhaltensänderungen initiieren möchte

NLP als Haltung

Die Verfechter, die NLP als Haltung verstehen, vertreten die Annahme, dass hier alle Ziel- sowie Ressourcenorientierungen gebündelt werden, zusätzlich zum Lernen und der Neugierde des Menschen. Man vertritt in diesem Kontext einen humanitären und konstruktivistischen Weltansatz.

NLP wird als Methode verstanden

Verfechter dieses Ansatzes vertreten die Annahme, dass NLP aus einer Art Modelling-Prozess entsteht und darauf abzielt, bestimmte Fähigkeiten des Individuums herauszuarbeiten.

NLP ist eine Kombination aus Formaten und Techniken, mit denen man Verhaltensänderungen initiieren möchte. Hiernach versteht man NLP als eine Wissenschaft, die aus einer bunten Vielzahl an Techniken besteht. Allen voran findet man in diesem Kontext Techniken wie das Ankern oder auch den Rapport. Hier vertritt man ebenso die Ansicht, dass NLP einen breiten Koffer aus Techniken und Ansätzen beinhaltet, der in den unterschiedlichsten Bereichen im Leben zielgerichtet verwenden werden kann.

Der Rapport

Rapport ist eine beliebte und unabdingbare Technik im NLP. Grundsätzlich kann man die Begrifflichkeit vom Englischen ableiten, dass in diesem Kontext in etwa eine „Vertrauensvolle Zustimmung" bedeutet. Die Beliebtheit dieser Technik sowie die grundlegenden Annahmen entwickelten schnell eine hohe Beliebtheit, sodass man die Begrifflichkeit auch in der Hypnotherapie integrierte und hier die vertrauensvolle Basis zwischen einem Klienten und dem Therapeuten beschreibt. Der Rapport bildet in der Neurolinguistischen Programmierung das zentrale Herzstück und gilt als der Indikator für eine erfolgreiche Kommunikation, denn ohne den sogenannten Rapport gibt es keine echten Begegnungen zwischen Individuen, sondern lediglich ein bloßes Aufeinandertreffen. Im eigentlichen Sinne versteht man unter dem Rapport auch keine genaue Technik, sondern vielmehr einen kontinuierlichen nonverbalen und verbalen Beziehungsfluss zwischen Menschen. Hierin möchte man sich mit der Welt der anderen Person verbinden und Vertrauen aufbauen. Somit haben Sie durch die Fähigkeit, den Rapport gezielt und effizient anzuwenden, auch die Möglichkeit, die Welt Ihres Gegenübers zu betreten, um möglicherweise hier gemeinsame Ziele zu erreichen.

Beziehungen, die sich durch einen guten Rapport ausdrücken, werden durch gegenseitigen Respekt, Anziehung, Einverständnis sowie Einfühlungsvermögen getragen. Darüber hinaus ist es auffällig, dass zwischen diesen Personen zumeist Indikatoren vorherrschen, wie in die gleiche Richtung zu schauen sowie Zustimmung. Das führt dann ganz gezielt dazu, dass der Widerstand zwischen diesen Menschen sinkt und ein tiefer Kontakt erzielt werden kann, denn das Unterbewusste dieser Menschen verbindet sich.

Achten Sie einmal darauf: immer dann, wenn zwei Menschen miteinander in Kontakt treten, passen sich die Ausdrucksweisen der Personen im Regelfall auch miteinander an. Hierbei ist auffällig, dass je positiver der Kontakt der Personen tatsächlich ist, sie sich umso mehr aneinander angleichen.

Was kann man mit dem Rapport in der Praxis erreichen?

- Sie können andere Menschen in Ihrer Umgebung besser verstehen

- Sie können sich in andere Menschen besser einfühlen, um zu bemerken, wie es einer anderen Person gerade geht
- Sie können hierdurch Ihr Gegenüber an dem Ort mental abholen, an dem er sich gerade befindet
- Sie können zu Ihrem Gegenüber starke und vor allem vertrauensvolle Verbindungen herstellen
- Sie können bestehende Widerstände auflösen
- Sie können eine gewisse Offenheit für die Welt Ihres Gegenübers entwickeln
- Sie können durch den Rapport eine gleiche oder zumindest ähnliche Wellenlänge erschaffen

Rapport kann Ihnen ganz praktisch dazu dienen, eine Brücke zu einer anderen Person aufzubauen und Ihnen dabei helfen, Vertrauen, Verstehen sowie eine große Offenheit zu erschaffen. Das Gegenüber wird sich hierdurch gesehen und verstanden fühlen. Es kann eine starke Verbundenheit erzeugt werden, die eine gemeinsame Arbeitsweise oder ein gemeinsames Leben erleichtern kann. Durch Rapport können Sie in ganz verschiedenen Lebensbereichen vertrauensvolle Verbindungen erschaffen. Präferierte Instrumente hierbei sind das Kalibrieren, das Matchen oder auch das Pacen.

Das Spiegeln

Der Rapport ist ein grundlegend natürlicher Prozess, den man zumindest in gewissen Teilen sogar ganz bewusst initiieren kann. Eines der wichtigsten Grundlagen hierfür ist das Spiegeln, das auch als Pacen bezeichnet wird. Hierbei ist es unumgänglich, dass verbale und auch nonverbale Parts der Kommunikation ganz bewusst und flexibel wahrgenommen werden. Bereits lange ist es in der Wissenschaft bekannt, dass sich Menschen sympathischer sind, die sich in einigen Belangen ähnlich sind. Es kann sich durchaus als positiv gestalten, wenn man sich einigen Fragmenten seinem Gegenüber angleicht. Hierbei ist der erste Schritt gemacht, um den anderen besser zu verstehen und auch um sich besser in ihn hineindenken zu können.

Bei dem Pacen bezieht man sich darauf, dass man die Körperhaltung, das Sprachverhalten, den Atemrhythmus sowie die Gestik des Gegenübers anpasst. Auf einer unterbewussten Ebene wird hierdurch eine Verbindung zur anderen Person geschaffen. Das Verhalten ist deshalb so interessant, da die inhaltlichen Aussagen im Gespräch nicht tangiert werden. Selbst, wenn Sie eine kontroverse Diskussion führen, kann die Modifizierung dieser verhaltenstechnischen Aspekte unterbewusst Synergien herstellen und eine Situation entspannen.

Dadurch, dass man sich bei der Anwendung dieses Instruments vollkommen in die Perspektive des anderen integriert, hilft es, ein Verständnis aufzubauen. Sie haben hierdurch die einzigartige Möglichkeit, Ihren Gesprächspartner zu verstehen.

Achten Sie jedoch darauf, dass Sie Ihr Gegenüber nicht „nachäffen". Es geht hierbei vielmehr um ein feinfühliges Angleichen von verhaltenstechnischen Aspekten, um eine gewisse Grundübereinstimmung zu erzielen. Beim Pacen geht es folglich darum, eine andere Person elegant zu spiegeln, um eine gewisse Synchronizität zu erzielen.

Die eigentliche Zielsetzung des Pacing ist, eine Atmosphäre zu erschaffen, in der sich beide wohlfühlen und ein gewisses Verständnis für das Gegenüber aufzubauen.

Das Leading

Wenn Sie es geschafft haben, Rapport zu einem anderen Gesprächspartner herzustellen, können Sie damit beginnen, den anderen zu führen und die Kommunikationsrichtung weiter vorzugeben beziehungsweise gezielt zu verändern. Mit dem Leading ist es zudem möglich, eine andere Person um Wahrnehmungsebenen zu komplettieren. Das betrifft Komponenten wie die Kinästhetik, die visuelle Ebene oder auch die auditive Ebene. Unter Leading versteht man in diesem Kontext, eine andere Person auf der Grundlage des Rapports verantwortungsbewusst zu einem bestimmten Ziel zu bringen. Dies versteht sich im Sinne einer Win-Win-Situation. Leading wird in diesem Bereich nicht aussagemäßig dazu verwendet, um nun den Rapport zu brechen. Vielmehr kann man hierdurch testen, ob der Rapport genügt hat. Wenn derjenige sich noch nicht in die entsprechende Richtung bewegt, ist das ein Zeichen dafür, dass der Rapport noch nicht groß genug ist und man ihn folglich durch neue

Vorgehensweisen verstärken muss. Grundlegend steht der gemeinsame Nutzen, der aus bestimmten Handlungen erzielt werden soll, im Fokus. Es geht ganz explizit nicht darum, jemanden zu benachteiligen oder ihm zu schaden.

Das Reframing

Beim Reframing geht es darum, eine Situation oder ein bestimmtes Verhalten aus verschiedenen Perspektiven zu beurteilen. Das sorgt dafür, dass der eigene Geist beweglich und frei bleibt. Menschen werden von gewissen Glaubenssätzen getrieben, die in ihnen fest verankert sind und nicht immer sind bestimmte Verhaltensweisen des Gegenübers auch tatsächlich nachvollziehbar, dennoch hat jeder Mensch einen eigenen Frame, hier im Sinne von Rahmen. Beim Reframing beschäftigt man sich nun damit, den bestehenden Rahmen neu zu erschaffen. Man konstruiert ihn folglich neu. Diese Situation müssen Sie sich nun einmal bildlich vorstellen. Sieht ein existierendes Bild in einem anderen Rahmen nicht immer auch ein wenig bis dramatisch anders aus? Immer dann, wenn Sie ein bestehendes Problem framen, können Sie es auf neue Art und Weise erleben und die Perspektive wechseln. Hierdurch können neue Reaktionen und Verhaltensweisen ermöglicht werden. Somit werden Sie in die einzigartige Lage versetzt, dass man einen Prozess umdeuten kann, um ihn auf andere Art und Weise zu erleben und zu verstehen.

Beschreibungen des Reframing

Man geht beim Reframing von drei Vorannahmen aus.

- Verhaltensweisen sind immer in irgendeinem Kontext tatsächlich sinnvoll
- Sie können jedem Verhalten auch eine Bedeutung beimessen
- Hinter bestehendem Verhalten befindet sich immer eine Art positive Absicht

Wo kann man Reframings finden?

Wenn Sie nun lange überlegen, wo genau sich Reframings befinden, dann machen Sie es nicht ganz so kompliziert. Man findet sie in Witzen, Fabeln oder Geschichten und in kreativen Prozessen.

Arten von Reframings

Man unterscheidet ganz verschiedene Arten des Reframings. Allen voran gibt es die beiden bekanntesten Reframings, das Kontextreframing sowie das Bedeutungsreframing.

Grundsätzlich geht es bei den Ansätzen um eine unterschiedliche Wahrnehmung. Hier ist eine reflektierte Beobachtungs- und Auffassungsgabe sinnvoll, denn Sie müssen beobachten, was im Detail vor sich geht. Erst danach sind Parameter wichtig wie die Intensität der Situation sowie der Zeitraum. Folglich ist das Reframing ein nützlicher Ansatz, wenn die eigenen Verhaltensweisen bzw. die eigene Reaktion vollkommen unverhältnismäßig war und in einem bestimmten Kontext für eine Erschwerung der Situation gesorgt hat. So neigen einige Menschen beispielsweise dazu, sich immer und immer wieder über Kleinigkeiten aufzuregen. Diese Verhaltensweisen sind energieintensiv und verschaffen wahrscheinlich keine Vorteile. Eine andere Auffälligkeit ist es, wenn Sie sich in Ihrem Leben gehemmt bis hin zu gelähmt fühlen und für einen gewissen Zeitraum hier keine Aktion mehr geschieht. Auch dieser Zustand ist nicht wünschenswert. Doch via Reframing kann man an diesen Verhaltensweisen arbeiten.

Das Kontext-Reframing

In diesem Zuge wird immer wieder nach neuen Kontextpunkten gesucht. Wenn Sie sich beispielsweise nicht lange auf eine Sache konzentrieren können, ist es sinnvoll, den Fokus auf Aufgaben zu richten, die es abverlangen, dass Sie schnell reagieren müssen und immer andere Situationen meistern können. Hier schafft man aus einem negativen Aspekt einen positiven Aspekt.

Das Bedeutungs-Reframing

Hierbei ändern sich weder der Kontakt noch die Situation. Es werden vielmehr die Gedanken in eine andere Richtung gelenkt. Ein Beispiel dafür können im privaten Bereich schmutzige Schuhabdrücke der Kinder im Flur sein. Diese Gegebenheit ist für einen Erwachsenen zunächst nervig und ärgerlich. Wenn Sie nun jedoch Ihre Gedanken darauf richten, dass Ihr Kind vermutlich im Vorfeld Spaß hatte, ändert sich auch der Blickwinkel.

Power- Reframing

Beim Power-Reframing sorgt man mit einer Provokation dafür, dass sich der Blickwinkel ändern kann. Ein einprägsames Beispiel kann in dem Umstand liegen, wenn der Ehemann eine Affäre hat und viel Zeit mit der Geliebten verbringt. Die Ehefrau kann sich so gegebenenfalls in Ruhe und unbeachtet einen neuen Partner suchen, sich emotional distanzieren und selbstständig machen.

Das Ankern

Bei einem Anker handelt es sich um einen Reiz, der auch als Trigger, Stimulus oder Auslöser bezeichnet wird. Wenn man bei einem Menschen einen solchen Anker berührt, löst man im Regelfall eine immer ähnliche Reaktion aus. Wichtig ist jedoch, dass man dieses Verhalten nicht mit einem Reflex verwechselt, denn ein Reflex ist angeboren, die entsprechende Situation aber resultiert aus einem erlernten Verhalten. Man kann beispielsweise bestimmte Lieder oder Gerüche mit einer Situation wie der Verliebtheit verknüpfen. Es gibt hierfür eine Vielzahl von Beispielen. Bedenken Sie jedoch unbedingt, dass es nur sinnvoll ist, Ankern Beachtung zu schenken, die mit intensiven Gefühlen einhergehen. Wenn Sie nun Ihre eigenen Anker kennen, die bei Ihnen negative Gefühle hervorbringen, ist dieses Wissen bereits ein Schritt zum Erfolg, denn Sie können diese Anker mit etwas Arbeit neu verknüpfen und mit positiven Gefühlen kombinieren. Somit sind Sie in Summe einen relevanten Schritt weiter, um Einfluss auf Ihre eigene Gefühlswelt zu nehmen.

Das State-Management

Wenn Sie in der Lage sind, Ihre eigenen Gefühlszustände zu beeinflussen, dann haben Sie einen entscheidenden Wendepunkt in Ihrem Leben erreicht. Seien Sie sich bewusst darüber, dass Sie auf diese Weise Ängste und auch Stress bewältigen können, um Gefühlszustände wie die Liebe in Ihrem Leben zuzulassen.

Das Setzen von Ankern

Hierbei handelt es sich um eine der fundamentalsten Techniken im NLP, denn das Ankersetzen versetzt Sie in die Lage, neue Reiz-Reaktionskoppelungen ganz gezielt zu initiieren. Hierdurch sind wir in der Lage, Gefühle abzuspeichern und je nach Bedarf hervorzurufen.

Das Verschmelzen von Ankern

Jeder Mensch hat auch unangenehme Anker, die er tief in sich trägt. Diese unangenehmen Anker sollten neutralisiert werden, um aus Ihnen einen positiven Anker zu kreieren und parallel einen negativen Anker zu beseitigen.

Das Verketten von Ankern

Hierbei werden mehrere Anker miteinander verkettet und parallel und hintereinander abgefeuert. Es entsteht eine Ankerkette, die ein Individuum aus negativen Zuständen in einen positiven Zustand führen kann.

Das Kalibrieren

In der Neurolinguistischen Programmierung ist es wichtig, die eigene Wahrnehmung so aufzubauen, dass man sich in bestehenden Kommunikationsprozessen auf nonverbale Botschaften konzentriert. Hierbei werden sowohl verbale wie auch nonverbale Statements aufgefasst und realisiert. Diese Botschaften werden dann mit einem speziellen Zustand verknüpft. Bei dem Kalibrieren wird der Mensch als individuelles Wesen in den Mittelpunkt gestellt. Somit schafft man ein neues Konzept in diesem Bereich. Ursprünglich stammt die Bezeichnung aus einem rein technischen Bereich. Im NLP fokussiert sich das Kalibrieren auf den menschlichen Kommunikationsprozess, der darauf ausgerichtet ist, nonverbale Signale wahrzunehmen und äußere Anzeichen aufzufassen, um Situationen und Menschen einzuschätzen. Hierbei geht es folglich um die Körpersprache und ein sensorisches Feineinstellen des Menschen, um gewisse Gefühlszustände einordnen zu können.

9

Wie Sie Manipulation von sich abwehren

Manipulationen sind schon so alt wie die Menschheit an sich. Im Verlauf des Lebens und auch des Alltags werden Sie vermutlich immer wieder mit einzelnen Manipulationstechniken und Beeinflussungen konfrontiert. Um Manipulationen noch nachhaltiger und effizienter abzuwehren, erhalten Sie im kommenden Abschnitt einige Herangehensweisen im praktischen Kontext. Auf diese Weise wird es Ihnen möglich sein, Manipulation gezielt abzuwehren.

Die Abwehr von Manipulationen

Es gibt verschiedenartige Umgebungen und Anlässe, weshalb Sie mit manipulativen Gegebenheiten konfrontiert werden. Der Großteil der Menschen ist in solchen Situationen zumeist ungeübt und überfordert. Bilden Sie den kleinen Prozentsatz, der den Unterschied macht und sich gegen solche Bestrebungen zur Wehr setzt.

Das allgemeine und empfohlene Vorgehen:

1. Versuchen Sie, sachlich und vor allem fair zu bleiben
2. Versuchen Sie, gelassen und ruhig zu sein
3. Agieren Sie, anstatt nur noch zu reagieren
4. Seien Sie sich Ihrem Ziel bewusst und verfolgen Sie es
5. Fokussieren Sie sich auf einzelne Verhaltensweisen, die Ihnen wichtig erscheinen
6. Erbauen Sie eine sogenannte goldene Brücke Ihres Gesprächspartners zu Ihren eigenen Zielen

Wenn dieses geschilderte Vorgehen nicht ausreicht, können sich noch weitere Handlungen nutzen, um eine Lösung für sich zu finden und sich aus der Situation zu befreien. Passende Ansätze und wie Sie gekonnt auf diverse Manipulationsversuche reagieren können, erläutere ich Ihnen nun:

Die Präzisionsfalle

Hierbei bedient sich Ihr Gegenüber beispielsweise statistischen Aussagen, die schlüssig klingen, aber weiter nicht belegt werden. Zumeist hat derjenige sich diese Formulierungen und Statistiken ausgedacht und suggeriert Ihnen hier ein fundiertes wissenschaftliches Knowhow, das komplikationslos Ihre eigene Kompetenz infrage stellen kann. Wichtig ist, dass Sie sich hiervon nicht beeindrucken lassen. Behalten Sie einen kühlen Kopf. Es ist sinnvoll beispielsweise selbst mit Statistiken und wissenschaftlichen Argumenten zu kontern. Ein guter Ansatz hierbei ist ebenso, darauf zu verweisen, dass Sie sich zunächst weitere Informationen ein holen und diese prüfen werden, um später eine Entscheidungsfindung vorzunehmen. An dieser Stelle hat man den Manipulator meist auch schon ausgehebelt.

Die Autoritätstaktik

Die manipulierende Person versucht, Statements und Aussagen von vermeintlichen Experten und Autoritätspersonen für die eigenen Zwecke zu nutzen und konfrontiert Sie hiermit, um der eigenen Person wesentlich mehr Gewicht zu verleihen. Auch hier kann die Taktik sehr sinnvoll sein, auf eine eigene Überprüfung zu verweisen und die Aussagen zu checken.

Die Evidenztaktik

Hier deklariert der Manipulator einen bestimmten Sachverhalt als logisch und selbsterklärend. Gängige Formulierungen sind im Regelfall: „Es erscheint als vollkommen klar, dass ...“ oder „Sie können nicht leugnen, dass ...“. Es bietet sich in solchen Situationen an, ebenso detailliert nachzufragen, um zum Kern der Aussage zu kommen, um wiederum auf später zu verweisen und eine eigene Überprüfung der vermeintlichen Tatsachen vorzunehmen.

Die Garantietaktik

Hierbei wird eine Aussage mit einem Ehrenwort verbunden. Da der Manipulator ganz direkt auf die bestehende Beziehungsebene abzielt, ergibt es keinen Sinn, ihn auf der Beziehungsebene anzugreifen, denn das wäre schädlich. Verweisen Sie vielmehr auf die Inhaltsebene, um die Taktik auszuhebeln.

Das Ignorieren und stumpfe Fortführen einer Situation

Um eine Manipulation abzuwehren, kann es ein Vorteil sein, eine Manipulation einfach zu ignorieren und vollkommen unbeeindruckt weiterzumachen. Sollte Ihr Gegenüber selbst gelangweilt oder abweisend reagieren, so legen Sie ebenso eine Pause ein oder werfen Sie einen immens konstruktiven Beitrag in das Gespräch ein, auf den der Manipulator reagieren muss.

Stellen Sie sich dumm

Immer dann, wenn ein Manipulator Ihnen ein schlechtes Gewissen einreden möchte oder abwehrend reagiert, kann es sinnvoll sein, sich einfach dumm zu stellen. Umgekehrt sollten Sie berücksichtigen, dass sich ein Mensch auch künstlich dumm stellen kann, um eine Situation zu umgehen. Aus diesen Verhaltensweisen können Sie Schlüsse ziehen.

Nutzen Sie Wiederholungen

Immer dann, wenn der Manipulator versucht, vom eigentlichen Thema abzulenken, kann das Stilmittel der Wiederholung wahre Wunder bewirken. Hierbei konfrontieren Sie den Gesprächspartner immer wieder mit dem Thema, das Ihnen wichtig ist. Es kann auf diese Weise nicht in Vergessenheit geraten oder unter den Tisch gekehrt werden.

Ändern Sie Ihre Perspektive

Wenn ein Manipulator sehr beratungsresistent darauf reagiert, Ihre geschilderten Annahmen und Bedürfnisse wahrzunehmen, bitten Sie ihn konkret, Ihre Perspektive einzunehmen. Auf diese Weise kann er der Situation nicht entfliehen. Zudem gelangen Sie auf diese Art auch wieder auf eine inhaltliche Ebene.

Treten Sie aus der bestehenden Situation heraus

Wenn der Manipulator nicht mit sich reden lässt und es mitunter zu Beleidigungen etc. gekommen ist, erscheint es als wenig sinnvoll, in dieser Situation weiter zu verharren. Treten Sie hier vollkommen aus der Situation heraus und unterbrechen Sie die Kommunikation zumindest solange, bis sich die Gemüter beruhigt haben und genügend Abstand zu den Gegebenheiten besteht. Bedenken Sie, dass alles im Leben seine Zeit benötigt.

Wichtig ist, dass Sie erkennen, wenn Sie manipuliert werden. Sie können sich nur aktiv gegen Gegebenheiten wehren, die Sie auch als negativ für sich erkannt haben. Dann stehen Ihnen Mittel und Wege zur Verfügung, die Sie ergreifen können, um die Situation umzulenken.

Achten Sie auf die Informationsbeschaffung

Manipulatoren zeichnen sich häufig dadurch aus, dass Sie in der Lage sind, stark einseitig zu kommunizieren. Oft zeigen sie selbst kaum Schwächen, kokettieren jedoch mit ihren eigenen Stärken. Das Gegenüber ist hier schnell geblendet und gibt zumeist Schwächen von sich preis, die der Manipulator quasi auf dem Silbertablett erhält. Wenn Sie folglich eine Barriere und einen kleinen Schutzwall um sich herum aufbauen möchten, sollten Sie sich gegen das sogenannte Aushorchen des Manipulators schützen. Lassen Sie sich nicht aushorchen und versuchen Sie durch schlüssige Gegenfragen den Fragesteller aus der einseitigen Kommunikation zu katapultieren. Somit entschärfen Sie die Situation, denn Kommunikation darf nicht nur einseitig sein, indem der eine sich wichtige verhaltenstechnische Informationen über Sie beschafft und diese dann auch gegen Sie nutzt. An diesen Stellen ist Vorsicht geboten!

Das Preisgeben von eher zweifelhaften Wahrheiten

Menschen, die manipulieren oder lügen, verstricken sich häufig in Nebensächlichkeiten. Kleine und eigentlich unbedeutende Fragen werden in epischer Breite ausgeführt und erörtert, um vom Kern abzulenken. Diese Personen erzählen einfach nur Geschichten mit einer gewissen Zielausrichtung. Hier sollten Sie klar zwischen den Zeilen lesen und hinterfragen, welchem Zweck die Geschichte gerade dient. Wenn Sie folglich der Meinung sind, dass Sie es hier mit einem Manipulator zu tun haben, dann wehren Sie die Situation mit ganz gezielten Fragen ab. Hierbei werden Sie vermutlich schnell viel Nervosität und einen starken Rückzug des Gegenübers realisieren, denn der Manipulator wird vermutlich nur wenige Antworten auf Ihre Fragen haben.

Schenken Sie einer extremen Form des Charmes Beachtung

Menschen, die charmant sind, wirken extrem positiv auf die Umgebung. Doch beachten Sie, dass das zumeist eine der effizientesten Instrumente eines Manipulators ist. Seien Sie aufgrund dessen bei Menschen, die sehr viel Charme besitzen, immer vorsichtig.

Achten Sie darauf, ob derjenige Ihnen zuerst ein Kompliment macht und Sie im Nachhinein beispielsweise um einen Gefallen bittet. Könnte es vielmehr sein, dass durch diese Geste des Kompliments ein Vorteil erzielt werden soll? Verhält sich diese charmante Person tatsächlich immer so charmant oder ausschließlich in gewissen Situationen? Um einen charmanten Manipulator abzuwenden, sorgen Sie dafür, dass Sie nicht geblendet werden. Sollte jemand folglich einen Gefallen einfordern, nachdem eine Charme-Offensive vorangegangen war, haben Sie keine Ängste vor einem „Nein“. Bedenken Sie immer, dass Sie hier in Ihrem Sinne handeln müssen. Häufig nutzen solche Menschen Gutmütigkeit gerne aus, um sich einen Vorteil zu verschaffen oder Arbeit auf andere Personen schnell und unkompliziert abzuwälzen.

Beachten Sie bestehende Rollenmuster

Häufig versuchen Manipulatoren sich als eine Form des Märtyrers zu verkaufen. Sie sind übermäßig gutmütig, aufopferungsvoll und helfen immer. Dieser Umstand zielt jedoch nur darauf ab, Mitgefühl und Sympathie bei Ihnen zu erzeugen für Fälle, in denen Sie nützlich sein könnten. Vergessen Sie nicht, dass manipulative Menschen es schaffen, Ihre Schwächen zu erkennen und keine Skrupel haben, diese Schwächen auch zu nutzen. Parallel sorgt diese Vorgehensweise ebenso dafür, eine große Vertrauensbasis zwischen Ihnen zu konzipieren. Die Person wird Ihnen Geheimnisse anvertrauen und Ihnen parallel Geheimnisse entlocken. Das Wissen über Ihre Verhaltensweisen sorgt dann dafür, dass man später Ihre Schwächen nutzen kann, um Ihnen zum Beispiel ein schlechtes Gewissen zu machen oder Sie zu Arbeiten zu bewegen, die Sie eigentlich nicht machen müssten.

Seien Sie grundsätzlich bei Menschen vorsichtig, die zu gut sind für diese Welt, denn das sind sie im Regelfall nicht. Geben Sie keinen Vertrauensvorschuss, sondern wägen Sie klug ab, was Sie tatsächlich von sich erzählen und was nicht. Wichtig ist auch eine zurückhaltende Preisgabe der eigenen Schwächen, denn diese könnte andernfalls ausgenutzt werden.

Achten Sie auf äußere Beeinflussungen

Menschen, die manipulativ sind, kann man recht schnell dadurch erkennen, dass sie gerne offen, aber zumeist verdeckt die Meinungen anderer Menschen beeinflussen. Hinterfragen Sie aufgrund dessen immer auch, ob Entscheidungen, die Sie gerade treffen, wirklich komplett von Ihnen ausgehen oder ob eine Person diese Entscheidung fleißig beeinflusst hat. Reflektieren Sie unbedingt Ihre eigene Entscheidungsfreiheit. Die beste Abwehrmöglichkeit, um sich gegen andere Einflussfaktoren bei Entscheidungen abzuschotten, ist, sich selbst die Zeit zu geben und keine Überrumpelungen zu dulden. Reflektieren Sie eine Sache und hinterfragen Sie, ob Sie tatsächlich von einem Sachverhalt überzeugt sind. Manipulatoren führen gerne einen Blitzkrieg bei Entscheidungen.

Liegt ein respektvoller Umgang vor?

Vergessen Sie nicht, dass man unter einem respektvollen Umgang auch versteht, dass Sie nicht mit Drohungen, Liebesversprechungen oder einem Liebesentzug konfrontiert werden. Viele Manipulatoren versuchen auf diese Weise, Menschen gefügig zu machen.

Wenn Sie folglich den Eindruck haben, dass Sie gerade oder generell von einer Person nicht wertschätzend und respektvoll behandelt werden, dann achten Sie darauf, dass Sie sich nicht in eine emotionale Abhängigkeit treiben lassen. Lassen Sie sich nicht unter Druck setzen und bleiben Sie auf Augenhöhe.

Achten Sie auf Vergleiche

Manipulatoren nutzen das Instrument des Vergleichs, um Sie in eine gezielte Richtung zu lenken. Immer dann, wenn ein Manipulator beeinflussen möchte, wird er Sie mit Situationen und Vergleichen konfrontieren. Setzen Sie hier klare Grenzen! Bleiben Sie dabei jedoch sachlich und fair. Wenn Ihr Quartalsergebnis mit einem Kollegen verglichen wird, stellen Sie beispielsweise klar Ihre Rahmenbedingungen und Verdienste in den Mittelpunkt, sodass Sie nicht vergleichbar sind.

Achten Sie auf Schuldgefühle

Manipulatoren wissen um die Kraft der Schuldgefühle. Schuldgefühle führen oft dazu, dass sich Menschen binden lassen und Verpflichtungen annehmen, an die sie sich eigentlich nicht halten bräuchten. Sollten Sie mit Schuldgefühlen konfrontiert werden, so achten Sie darauf, dass Sie nicht zu sensibel hierauf reagieren. Wichtig ist, dass Sie sich auf keinen Fall in die Rolle des Täters drängen lassen. Stellen Sie beispielsweise reflektierende Fragen, um die Situation zu entspannen. Ziehen Sie sich zudem aus der Situation heraus, somit nehmen Sie dem Manipulator die Möglichkeit weiteren Einfluss auf Sie zu nehmen.

10

Wie Manipulation im Alltag angewandt wird (praktische Beispiele)

Manipulationen finden sich in allen Lebensbereichen. Wenn Sie nun der Meinung sind, dass es bei Ihnen keine Manipulation im Alltag gibt, so lesen Sie den kommenden Abschnitt und geben Sie sich die Möglichkeit zu erkennen, wie stark Sie mitunter schon bei kleinen Gegebenheiten alltäglich manipuliert werden.

Da wir nicht in der Lage sind, nicht zu kommunizieren, ist es folglich so, dass man immer, zumindest ein wenig, beeinflusst wird und auch selbst beeinflusst. Der Alltag eines Menschen bietet in diesem Rahmen ganz besonders viel Potenzial.

Begegnen Sie neuen Menschen mit Selbstsicherheit

Ein ideales Mittel, um ein positives Außenbild von sich selbst und einer Situation zu erschaffen, ist es, Menschen mit einer hohen Selbstsicherheit zu begegnen. Doch wie genau schafft man das?

Achten Sie zunächst einmal auf einen Menschen, den Sie in letzter Zeit neu kennengelernt haben und der Ihnen sehr sympathisch und selbstbewusst vorgekommen ist. Vermutlich hat derjenige bei Ihnen einen sehr guten ersten Eindruck hinterlassen. Und genau dieser Umstand ist wichtig, schütteln sie selbstbewusst die Hand des neuen Kontakts, seien Sie offen, interessiert und lesen Sie bei dem anderen Menschen zwischen den Zeilen. Bedenken Sie, dass der erste Eindruck wichtig ist, lassen Sie sich jedoch nicht blenden und beurteilen Sie Menschen und Situationen mit Abstand.

Manipulation durch sprachliche Gestaltung im Alltag

Menschen lassen sich hervorragend durch die Sprache manipulieren. Wenn Sie die Kunst des Smalltalks beherrschen, besitzen Sie eine effiziente Gabe, die Ihnen dabei hilft, auf unkomplizierte Art und Weise mit anderen Menschen in Kontakt zu treten. Doch übertreiben Sie es nicht, denn zu viel Smalltalk wirkt aufgesetzt, treten Sie zum Kern durch, nachdem der Kontakt steht. Berücksichtigen Sie, dass Menschen, die diese kommunikative Gabe besitzen, vermutlich auf Sie ganz besonders positiv wirken und hinterfragen Sie für sich, ob dieser Eindruck auch Kontinuität besitzt.

Das Aussehen

Das Erscheinungsbild eines Menschen hinterlässt einen bleibenden Eindruck und ist deshalb von fundamentaler Bedeutung. Lassen Sie sich jedoch auch hierdurch nicht blenden. Attraktive Menschen werden nämlich beispielsweise auch als wesentlich kompetenter wahrgenommen als weniger attraktive. Übergewichtige Menschen gelten als gutmütig und Brillenträger haben den Ruf, besonders intelligent zu sein. Hierbei handelt es sich um Stereotypen, von denen man sich oft beeinflussen lässt.

Der erste Eindruck

Charismatische Menschen überzeugen vor allem im ersten Moment, denn hier tritt ein psychologischer Effekt auf, dass man diesen Menschen in vielen Bereichen positive Aspekte zuspricht, die sie vermutlich so detailliert nicht haben. Es wird hier also idealisiert. Dennoch wirken diese charismatischen Personen besonders sympathisch, fähig und positiv.

Das Marketing verwendet beispielsweise diesen Heiligenscheineffekt, indem man exklusive Produkte bewirbt, die mit einem tollen Design überzeugen, aber parallel auch sehr teuer sind.

Manipulationen können vor allem im Alltag vielzählig auftreten. Bedenken Sie, dass viele Situationen erst einmal genau betrachtet werden sollten, um sich nicht durch einen ersten Eindruck blenden zu lassen. Geben Sie sich Zeit und überprüfen Sie Ihre Wahrnehmung und Ihre Eindrücke.

Die Manipulation in der Beziehung

Kaum ein Mensch steht Ihnen vermutlich so nah wie Ihr Partner oder Ihre Partnerin. Bei Ihrem Partner dürften Sie so offen sein wie bei keiner anderen Person. Dieses Gefühl der Vertrautheit ist eines der schönsten und prägnantesten Emotionen, die ein Mensch haben kann. Dennoch ist aber gerade dieser eigentlich so wunderschöne Ort der Beziehung genau der Platz, an dem sehr viel Manipulation vonstattengehen kann. Ihr Partner kennt Sie sehr gut und nicht immer müssen negative Ambitionen hinter Beeinflussungen stehen. Beziehungsdynamiken, die sich in der Partnerschaft entwickeln, können viele Gesichter haben. Eine typische Verhaltensweise ist zum Beispiel die emotionale Erpressung in der Partnerschaft. Das geschieht dann, wenn Sie das Bedürfnis Ihres Partners nicht erwartungsgemäß erfüllt haben. Ihr Partner wird dann eventuell Verhaltensweisen wie passive Aggressivität in der Form der Kommunikationseinstellung ergreifen, um Ihnen zu suggerieren, dass Sie etwas falsch gemacht haben. Den Partner überkommt dann wiederum ein Gefühl von Mangel und Liebesentzug. Sie werden sich schlecht fühlen und folglich zukünftige Verhaltensweisen so anpassen, dass es weniger Streit gibt. Häufig werden hier auch Tränen klar akzentuiert eingesetzt, um den Partner unter Druck zu setzen und zu beeinflussen.

Werbung

Die Werbeindustrie nutzt zunehmend kreative Techniken, um den Umsatz zu erhöhen. Die Einzelhändler verwenden beispielsweise seit ein paar Jahren das Instrument „Marketing mit Duft". Achten Sie doch das kommende Mal beim Einkauf darauf, wie stark der Teegeruch in der Teeabteilung Sie leitet, einen besonders süßen und aromatischen Tee zu kaufen, obwohl Sie gar keinen Tee trinken. Eine Alternative ist das sogenannte „Productplacement". Hier finden Sie in zahlreichen Filmen bis hin zu Ihrer Lieblingsserie wahrscheinlich in einzelnen Szenen immer wieder bestimmte Auto- oder Kleidungsmarken, die der Schauspieler wie selbstverständlich trägt beziehungsweise fährt. Haben Sie sich hierüber schon einmal Gedanken gemacht, ob das eventuell ein kluger Schachzug eines Marketingexperten sein kann? Sie erkennen, dass Beeinflussungsprocedere ist vielfältig. An Ihren Konsum und die Schaffung eines Bedarfs wird an die Ansprache eines Bedürfnisses bei Ihnen gekoppelt.

Soziale Netzwerke

Die Social-Media-Kanäle wie Facebook, Instagram oder Tik Tok haben sich in den vergangenen Jahren zu einem Paradebeispiel an Manipulationsbestrebungen, auch zu Werbezwecken, entwickelt. Gezielte Werbemaßnahmen, die Nutzung von Influencern, all diese Bestrebungen zielen schwerpunktmäßig auf Ihre Beeinflussung ab.

11

Wie Manipulation im Beruf stattfindet (praktische Beispiele)

Manipulation im Beruf kann ähnliche Ausmaße und Gesichter haben wie die Manipulation im Alltag. Grundsätzlich müssen Sie beachten, dass nicht nur der direkte Vorgesetzte zum Erreichen der eigenen Ziele Manipulationen anwendet, sondern durchaus auch der liebgewonnene Kollege, der versucht, unliebsame Arbeiten an Sie zu vergeben. Im folgenden Abschnitt erfahren Sie Ansätze mit praktischen Beispielen, die Ihnen dabei helfen, Manipulationen im Beruf zu erkennen, abzuwehren oder auch anzuwenden.

Beispiel 1: die Einschüchterung

Wer kennt es nicht? Sie bringen Höchstleistungen, erreichen die vereinbarten Ziele und sind im Kollegenkreis auch noch beliebt. Das kann für so manchen Vorgesetzten einer Kriegserklärung gleichkommen. Behalten Sie als Erstes einmal die Nerven. Menschen, die im Beruf dieses Werkzeug einsetzen, werden Sie klein machen, klein reden und vor versammelter Mannschaft bloßstellen. Am besten können Sie ein solches Vorgehen abwenden, wenn Sie klar und selbstbewusst auftreten. Bleiben Sie höflich, aber widersprechen Sie! Schlucken Sie ein solches nicht akzeptables Verhalten nicht herunter. Um jedoch sachlogisch zu punkten, ist es notwendig, dass Sie objektive Argumente sammeln, um sich zu wehren.

Beispiel 2: der Liebesentzug

Der „Liebesentzug" ist eines der tückischsten Instrumente in der Praxis. Auch im Berufsalltag findet er Anwendung, Vorgesetzte bedienen sich gern dieser Technik. Hier wird mit dem typischen Zuckerbrot und der Peitsche hantiert. Ziel des Manipulators ist es, zu Höchstleistungen anzustacheln und diese Höchstleistungen auch aufrechtzuerhalten, ohne Rücksicht auf menschliche Verluste oder Ihre psychische Gesundheit. Bei demjenigen, der dieser Manipulationstechnik ausgesetzt ist, führt das jedoch häufig zu Auffälligkeiten wie Depressionen oder dem typischen Burnout. Um den Liebesentzug abzuwehren, müssen Sie klar lernen, auch einmal Nein zu sagen. Arbeiten Sie an Ihrem Selbstwert und fordern Sie sich Wertschätzung ein, denn Sie sind es wert!

Beispiel 3: Die Harmonie

Das menschliche Hirn tendiert bezüglich der Thematik Harmonie in zwei Richtungen. Zum einen ist das Individuum darauf programmiert, jemandem einen Gefallen zu tun, ganz einfach, weil man ihn mag oder damit man gemocht wird. Diese Sachverhalte machen sich eine Reihe von Menschen zunutze, um einseitige Gefallen einzufordern und um Sie auch auszunutzen. Das Wissen über diesen Sachverhalt hilft bereits dabei, die Motivationen des Gegenübers zu hinterfragen. Lernen Sie bei entsprechenden Auffälligkeiten Nein zu sagen und bei sich zu bleiben.

Beispiel 4: die Kunst des kleinen Übels

Das ist ein Beispiel, das in der Praxis immer wieder in Gehaltsverhandlungen anzutreffen ist. Sie möchten beispielsweise eine Gehaltserhöhung im Umfang von 1.000,00 € pro Monat erzielen und Ihr Chef bietet Ihnen nur 100,00 € pro Monat an. Aus taktischen Erwägungen werden Manipulatoren sie in solchen Situationen mit anderen Manipulationstaktiken konfrontieren, wie der Einschüchterung. Auch hier gilt ganz klassisch, lassen Sie sich nicht beeinflussen oder unterdrücken. Gehen Sie im Kern des Gesprächs auf Ihre Forderung zurück und bleiben sie höflich.

Beispiel 5: bestehende Kindheitsmuster

Häufig finden sich in Arbeitsbeziehungen Eltern-Kind-Beziehungen wieder, denn der nicht-reflektierte Vorgesetzte schlüpft in die Position eines Elternteils dem Mitarbeiter gegenüber. In Konfliktsituationen sollten Sie in einem solchen Kontext einfach einmal aus der gewohnten Rolle schlüpfen, indem Sie ganz anders reagieren als sonst. Ihr Chef wird hierauf sicherlich verwundert reagieren. Die Beschreibung "Irritation schafft Motivation" ist ein passendes Statement für solche Sachverhalte. Auch hier gilt: bleiben Sie bei sich und vergessen Sie nicht, dass Sie bereits erwachsen sind.

12

Wie Manipulation in zwischenmenschlichen Beziehungen funktioniert (praktische Beispiele)

Manipulation ist in allen Bereichen des Lebens zu finden. Doch nicht nur allgemein im Alltag oder Job sind solche Tendenzen zu erkennen, sondern auch in zwischenmenschlichen Beziehungen. Hier gilt grundsätzlich, wenn Sie Nähe und Vertrautheit zu einer anderen Person zulassen, so hinterfragen Sie, ob Sie der Person wirklich vertrauen können. Ein Vertrauensvorschuss ist nicht immer eine schlechte

Vorgehensweise, dennoch machen Sie sich in solchen Konstellationen ein Stück angreifbar.

Beispiel: Freunde, die immer etwas möchten

Vermeintliche Freunde, die immer ein paar Probleme mehr haben als andere Menschen, die Aufmerksamkeit einfordern und Ihnen das Gefühl geben, immer parat stehen zu müssen, hat sicherlich jeder bereits kennengelernt.

Doch wie genau kann man sich vor solchen Verhaltensattitüden schützen und bei sich bleiben?

Menschen, die einen Platz im persönlichen Umfeld haben, erhalten von Ihnen auch immer einen kleinen Vertrauensvorschuss. Man öffnet sich, lässt an der einen oder an der anderen Stelle auch einmal Nähe und Offenheit zu.

Wie genau fühlen Sie sich aber, wenn sie bemerken, dass Ihr Gegenüber immer nur einseitigen Gefallen einfordert und Sie bei eigenen, persönlichen Problemen nicht zum Zuge kommen?

Ganz einfach, Sie sollten Ihre Feststellungen und Empfindungen thematisieren und offen ansprechen. Sollten Sie hier nun mit Ablehnung, Vorwürfen, Erpressungen oder Einschüchterungen konfrontiert werden, dann distanzieren Sie sich klar von dieser Person.

Beispiel: Menschen, die Sie abwerten, um sich besser zu fühlen

Einschüchterungen, destruktives Verhalten oder Vorwürfe finden sich nicht nur in engen Liebesbeziehungen, auch in freundschaftlichen Konstellationen sind solche Verhaltensweisen zu finden. Es gibt Personen, die andere abwerten müssen, um sich selbst besser zu fühlen. Das kann subtil oder auch ganz direkt geschehen. Der erste Schritt bei solchen Feststellungen ist die Einnahme der Beobachtungsfunktion. Hinterfragen Sie einzelne Auffälligkeiten im direkten Verhältnis zu Ihrem Gegenüber. Haben Sie bereits festgestellt, dass Sie viele solche Situationen belasten, dann seien Sie offen und kommunizieren Sie auch hier diese Eindrücke, um Lösungen zu finden oder einen Anreiz zu erhalten, sich von Ihrem vermeintlichen Freund zu distanzieren.

Beispiel: mangelnde Loyalität

Um zwischenmenschliche Beziehungen am Leben zu erhalten, ist es unumgänglich, gemeinsame Erlebnisse zu sammeln und sich auch auf eine gewisse Loyalität des Gegenübers zu verlassen. Kaum etwas ist verstörender als die Erkenntnis darüber, dass mit vertraulichen Informationen nicht diskret und verschwiegen umgegangen wird. Hier liegen starke Vertrauensbrüche vor. Sollten Sie bei Ihrem Gegenüber solche Tendenzen erkennen und der Eindruck sich bestätigen, dass nicht vertrauenswürdig mit Ihnen umgegangen wird, so verstecken Sie sich nicht in Ihrem Schneckenhaus, sondern ziehen Sie Konsequenzen bis hin zum Abbruch des Kontakts mit einer solchen Person. Gewisse Spiele gewinnen Sie nur, wenn Sie sie *nicht* spielen. Geben Sie Ihrem Gegenüber immer erst dann einen Vertrauensvorschuss, wenn Sie sich auch vermeintlich sicher sind, dass derjenige verantwortungsbewusst damit umgeht und nicht nur Informationsvorteile für eigene Zwecke sucht.

Beispiel: schöne Worte, aber mangelnde Taten

Immer wieder hört man in der Psychologie, dass Sie sich nicht von Worten blenden lassen sollen. Wägen Sie das gesprochene Wort mit den vollbrachten Taten ab. Wenn Ihnen jemand die schönsten Worte entgegnet, aber Sie bezüglich nicht vollbrachter Taten immer wieder in einen Hinterhalt lockt und Sie schlicht enttäuscht, sollten Sie sich zurückziehen und Abstand zu einer solchen Person einnehmen. Sollte Ihnen wirklich etwas an der Person liegen, thematisieren Sie die einzelnen Verhaltensweisen, die Sie irritiert oder sogar verletzt haben, um Lösungen für die Zukunft zu finden.

13

Psychologische Effekte, die häufig im Alltag wirken

Psychologische Effekte lassen sich in der Praxis überall finden. Es gibt eine Vielzahl an alltäglichen Effekten, die Sie kennen sollten, um erfolgreich auch missliche Positionen zu Ihrem Vorteil zu wenden und eigene unterbewusste Beurteilungsfehler zu vermeiden. Im nachfolgenden Bereich finden Sie ein paar ausgewählte psychologische Effekte.

Der Place-of-no-Return bzw. Point-of-no-Return

Dieser psychologische Effekt ist an sich selbsterklärend und mit etwas Vorstellungsvermögen auch einprägsam. Sie kennen sicherlich Situationen, in denen Sie in der Vergangenheit in eine Art Lethargie verfallen sind. Das betrifft mitunter das Anstellungsverhältnis. Hier verharren Mitarbeiter auf Positionen und in Arbeitsatmosphären, die ihnen an sich nicht zuträglich sind und sie sogar unglücklich oder krank machen. Bei solchen Gegebenheiten ist es empfehlenswert, einen sogenannten Ruck anzusetzen. Hiermit wird beschrieben, dass es nach einer langen Lethargie-Phase den einen wertvollen Punkt gibt, der zu einer Reflexion und zu einer zwangsläufigen Weiterentwicklung führt. Es bedarf also eines Auslösers, der entweder aus Ihrem Inneren oder aus dem Außen kommt, und Sie aus dem Teufelskreis des „No Return" herausholt.

Die Verfügbarkeitsheuristik

Unter einer Verfügbarkeitsheuristik versteht man eine Operation, die verkürzt ist und zu Urteilsfehlern führt. Hierbei werden in Situationen, die an sich recht komplex sind, Entscheidungsmuster im Gehirn generiert, die eindeutig zu Entscheidungsfehlern führen, da ähnliche und schon bekannte Schlussfolgerungen hinzugezogen werden. Die Verfügbarkeitsheuristik wird immer dann unterbewusst hinzugezogen, wenn Menschen entweder nicht willens sind, sich mit komplexen Entscheidungsrefugien auseinanderzusetzen oder nicht alle relevanten Informationen bzw. Erfahrungen hierfür haben. Häufig treten solche Attitüden im Übrigen bei Gewaltopfern auf, da hier der eigene Erfahrungswert kritisch betrachtet wird. Personen, die eine Affinität zur Astrologie haben, werden Menschen eines Sternzeichens auch immer ähnlich bewerten und einschätzen.

Der Halo-Effekt

Das Wort „Halo" stammt ursprünglich aus dem Griechischen und beschreibt einen Lichtkreis um den Mond und die Sonne. Im englischen Sprachgebrauch versteht man unter der gleichen Bezeichnung einen Heiligenschein. Der Effekt tritt beispielsweise dann ein, wenn die Fähigkeiten einer Person besonders gut eingeschätzt werden – besser als sie tatsächlich sind, weil diese Person einem sympathisch ist aufgrund eines positiven Merkmals oder einer guten Tat. Aus der Bezeichnung des Heiligenscheins ist erkennbar, dass es sich genau um die sogenannte Überstrahlung des Effektes handelt. Aufgrund dessen nennt man den umgekehrten Halo-Effekt auch den „Teufelshörner-Effekt".

Im Grunde kann man immer dann von einem entsprechenden Effekt ausgehen, wenn eine Person besonders hervorstechende Eigenschaften aufweist. Wenn die zu beurteilende Person nun einen besonders starken Fokus auf diese eine Verhaltensweise legt, führt das dazu, dass dieses eine Merkmal überbewertet wird und es zu falschen Beurteilungen kommen kann. Um folglich zu einer möglichst objektiven Bewertung einer Situation zu gelangen, müssen Beurteilungsfehler wie der Halo-Effekt minimiert werden. Fehlerquellen, die zu Fehleinschätzungen führen, sollen somit umgangen werden. Umgehen Sie beispielsweise den Faktor Zeitdruck, um Fehleinschätzungen zu vermeiden, denn zeitlicher Druck führt zu Fehlern und vorschnellen Entscheidungen. Achten Sie aber genauso auf Ihre Unvoreingenommenheit, etwa wenn Sie Personen beurteilen.

Der Forer-Effekt

Dieser Effekt beschäftigt sich mit der Tatsache, dass das menschliche Individuum dazu neigt, allgemeingültige Aussagen schnell so zu verstehen, dass sie als absolut zutreffend empfunden werden. Man bezeichnet diesen Gesamtumstand auch „Täuschung durch eine persönliche Validierung". Bei den getroffenen Annahmen und Bewertungen mangelt es an Objektivität sowie Validierbarkeit.

Der Ankereffekt

Bei dem Ankereffekt handelt es sich um eine Beschreibung aus der Kognitivpsychologie. Hierbei wird davon ausgegangen, dass sich Menschen von bewusst gewählten Zahlenmerkmalen sowie von bestehenden Umgebungsinformationen beeinflussen lassen. Umgebungsinformationen beeinflussen folglich eine bestimmte Entscheidung, auch wenn die Umgebung objektiv gesehen mit der eigentlichen Entscheidung nichts zu tun hat. Das Urteil orientiert sich hierbei an einen vollkommen willkürlichen Anker mit der Folge, dass es zu systematischen Verzerrungen kommt, die sich in die Richtung des bestehenden Ankers bewegen. Ein Anker kann hierbei durch 2 Optionen bestehen: Zum einen kann es eine Art unterbewusste Suggestion geben, die einen Anker in Ihnen aktiviert. Oder es kann einen Anker im Denkprozess geben, der zu einem bewusst herbeigeführten Gedankengang führt. Ein typisches Beispiel für diesen Effekt ist die Preisverhandlung, bei der eine der Parteien den ersten Preis, also eine Zahl als Anker, nennt.

14

Wie Sie Menschen gezielt beeinflussen

Menschen, die Ihnen begegnen, warten mit Zeichen und Verhaltensweisen auf, die Sie gezielt wahrnehmen und sogar beeinflussen können. Hierzu müssen Sie nur aufmerksam sein. Im nachfolgenden Abschnitt finden Sie eine Reihe von Beispielen.

1. Sollten Sie bemerken, dass Ihr Gegenüber mit Ihnen streiten möchte, so ist es empfehlenswert, sich ihm nicht gegenüberzustellen, sondern eine seitliche Position zu wählen. Hierbei suggerieren Sie demjenigen, dass Sie keine Bedrohung darstellen,

nicht auf Konfrontation gehen und der Groll sollte schneller abflauen.

2. Sollten Sie Unterstützung von jemandem benötigen, so beginnen Sie mit den klaren Worten: „Ich brauche Ihre Hilfe". Niemand möchte mit einer Schuld leben müssen und die Wahrscheinlichkeit, Ihnen den Gefallen abzuschlagen, sinkt mit dieser Frage beträchtlich.

3. Bitten Sie zuerst um etwas Unverhältnismäßiges, um eine Erfüllung Ihrer eigentlichen Bitte zu bekommen. Ihre eigentliche Bitte äußern Sie also nach der fiktiven Bitte. Somit wird die Chance signifikant gesteigert, dass Sie bekommen, was Sie wollen. Ihr Gegenüber möchte nicht als Unmensch gelten und wird Ihnen das kleinere Übel erfüllen wollen.

4. Bitten Sie um einen Gefallen, wenn Ihr Gegenüber müde ist. Die andere Person möchte Ihre Ruhe haben und wird Ihnen Ihren Gefallen sicherlich schnell erfüllen, um wieder in einen Ruhezustand zu kommen.

5. Sie möchten Zustimmung zu einem Thema, dann nicken Sie immer wieder beiläufig und unauffällig. Ihr Gegenüber wird unterbewusst hierzu angehalten, Ihnen zuzustimmen.

6. Sollten Sie bemerken, dass Ihr Gegenüber Sie nicht mag, dann bitten Sie ihn um einen kleinen Gefallen. Fragen Sie beispielsweise nach einem Stift. Hierbei handelt es sich um das Fuß-in-der-Tür-Phänomen, das dazu führt, Ihnen einen weiteren Gefallen zu erfüllen.

7. Sie sind sich nicht ganz sicher, ob Ihr Gegenüber Gefallen an Ihnen gefunden hat? Dann gibt es einen kleinen Trick. Fassen Sie sich einfach an Ihr Ohr. Wenn Ihr Gegenüber Sie nun spiegelt und das gleiche unterbewusst macht, so können Sie davon ausgehen, dass er sie mag und an Ihnen interessiert ist.

8. Beachten Sie, dass jeder Mensch gern persönlich angesprochen wird. Nutzen Sie hierzu den Namen Ihres Gegenübers. Hiermit wird Vertrauen und Zuversicht aufgebaut.

9. Wenn Sie mit einer Person sprechen, schauen Sie der Person in die Augen und versuchen Sie, die Augenfarbe zu erkennen. Dieser

Vorgang hat immer etwas Magisches und löst unterbewusst in der anderen Person etwas aus, denn die Person erkennt das.

10. Wenn Sie bemerken, dass Ihr Gegenüber bei einer Antwort etwas zurückhält, dann schauen Sie ihm weiter in die Augen und schweigen Sie. Im Regelfall wird die andere Person die Antwort dann komplettieren.

11. Wenn Sie eine andere Person mit einem Händeschütteln begrüßen, so wärmen Sie die Hand im Vorfeld auf. Ein warmer Händedruck wirkt immer sympathischer.

15

Rhetorik – so überzeugen Sie andere!

Die wirkungsvolle Gestaltung einer Rede gilt als Rhetorik. Seinen Namen trägt dieser Begriff aus dem altgriechischen, es bedeutet „Redekunst“.

Es gibt insgesamt zwei Gruppen der Rhetorik, eingeteilt in schwarz und weiß. Die Vorgehensweisen, den Zuhörer durch die Kunst der Rhetorik und den damit gewählten Worten zu überzeugen, werden somit in zwei Teile eingestuft. Zuhörer werden mithilfe der Rhetorik auf die Seite des Erzählers gezogen. Es wird auf eine alte Schiene der Manipulation, auf Schmeicheln, Schwindeln oder auf eine falsche Darstellung der Tatsachen zurückgegriffen.

Durch die gut ausgeführte Kunst der schwarzen Rhetorik ist es für den Zuhörer oft schwer zu unterscheiden, ob es sich um Tatsache oder Täuschung handelt. Auch dann, wenn Sie diese nicht selbst anwenden möchten, sollten Sie das hier Erwähnte verinnerlichen, um sich selbst davor zu schützen.

Rhetorik teilt sich ebenso in dialogische sowie monologische Rhetorik auf. Das Dialogische steht für ein Gespräch sowie auch eine schriftlich geführte Unterhaltung. Damit ein Dialog erfolgen kann, sollten mindestens zwei Personen beteiligt sein und unterschiedliche Ansichten vertreten. Der monologische Teil hingegen kann auch als Selbstgespräch durchgeführt werden. Der Inhalt richtet sich an niemand bestimmten. Die Namensgebung stammt ebenfalls aus dem griechischen, „Monos" und „Logos" steht für „allein" und „Rede".

Die Wirkung der Stimme

Die Persönlichkeit der Stimme ist mächtig, sie vermag die komplette Wirkung auf andere Menschen zu beeinflussen und die Wirkung als angenehm oder unangenehm zu gestalten. Durch diese Macht ist die Stimme in Falle eines Gespräches, einer Rede oder einem Vortrag von großem Ermessen. Die Stimme bildet für viele Menschen einen Weg, in das Innere ihres Gegenübers zu blicken und dessen Zustand zu erkennen. Vor allem unbewusst wird die Stimme von der inneren Grundstimmung beeinflusst. Im Körper eines Menschen sind bis zu hundert verschiedenen Muskeln als Sprechmuskeln angelegt. Durch einen Stimmungswechsel verändert sich auch die Tonlage Ihrer Stimme.

Eine gute Sprechkultur ist demnach vor allem für den Zusammenhang von Stimmlage und Rhetorik entscheidend. Damit Ihre Stimme souverän auf Ihr Gegenüber wirkt, ist es wichtig, eine klare Aussprache, klare Artikulation, einen angenehmen Ton sowie eine feste Betonung zu beherrschen. Ihre Stimme sollte Ihre eigene Stimmmelodie entwickeln und gefestigt werden, diese kann helfen, Emotionen aus der Stimmlage herauszuhalten. Auch einen gewissen Rhythmus sowie eine abwechslungsreiche Sprechweise sind von Vorteil. Die Sprachgeschwindigkeit spielt ebenfalls eine große Rolle, um überzeugend zu wirken. Viele Menschen sprechen zu schnell und erscheinen dadurch gehetzt oder überfordern ihre Zuhörer. Auch ein zu langsames Sprechen kann langweilend wirken.

Wussten Sie, dass die Bedeutung des Gesagten oftmals nicht an den Worten, sondern der Betonung bemessen wird?

Ein Beispielsatz macht dies deutlicher: „Ich fahre morgen nach Hause und arbeite von zuhause aus."

Die Betonung auf das Wort „Ich" zeigt an, dass es sich um Sie und keinen anderen handelt.

Die Betonung auf „morgen" zeigt den genauen Zeitpunkt an und die Wichtigkeit von diesem.

Die Betonung auf „zuhause" zeigt an, dass Sie zuhause arbeiten und nicht beispielsweise im Büro.

Außerdem reden Menschen oft zu schnell aufgrund einer flachen Atmung. Um dies zu vermeiden, sollten Sie regelmäßig und tief atmen, auch während einer Rede. Vermeiden Sie es aber, bewusst Luft zu schnappen, bevor Sie etwas sagen, sondern atmen Sie ganz natürlich weiter während Ihrer Rede.

Rhetorische Stilmittel

Metapher als Stil

Die Metapher gilt als Stilmittel in der Rhetorik. Um eine Metapher gekonnt einzusetzen, muss das eigentliche Wort verbildlicht werden. Es folgt die Erschaffung eines interpretierten Bildes, der eigentlich gemeinten Sache. Eine Metapher ist zum Beispiel der Begriff „Berg aus Arbeit", damit ist natürlich kein richtiger Berg gemeint, sondern eben sehr viel Arbeit. Es geht um die verbundene Symbolik des Berges, etwas Riesigem. Auch der Einbau von Beispielen findet in der Rhetorik großen Gefallen, es soll noch mehr veranschaulichen können, was Worte alleine nicht bewirken.

Neufindung

Unter Neologismus versteht man es, neue Worte entstehen zu lassen. Dies kann in allen Sprachen geschehen. Somit treffen Sie Neologismus in der Fremdsprache, Jugendsprache, Digitalisierung, in der Gesellschaft, Wissenschaft, Werbung und Politik jeden Tag an.

Die Wiederholung

Anapher bezeichnet die Wiederholung als Stilmittel in der Rhetorik. Es geht dabei darum, dass ein einzelnes Wort am Anfang einer Folge immer wieder eingesetzt wird. Egal ob es sich bei diesen Folgen um Texte, Rhythmen, Verse, Sätze oder Strophen handelt. Die besondere Bedeutung wird durch die Wiederholung hervorgerufen und verdeutlicht.

Gleichheit

Alliteration ist ein Begriff, der die Wiederholung der Anfangsbuchstaben sowie ihre Gleichheit meint. Vor allem in der Werbebranche wird gerne darauf zurückgegriffen. Durch diese Wiederholung prägt sich das Gesagte leichter ins Gedächtnis des Menschen ein und wird besser wahrgenommen.

Hervorheben

Die Emphase betrifft das Hervorheben bestimmter Worte. Diese Worte dienen zumeist dem Ausdruck von Gefühlen. Eine Emphase zu erkennen gelingt nicht leicht, allein der Kontext und die Betonung geben Aufschluss darüber, ob es sich um eine Emphase handelt. Der Begriff soll nicht hervorgehoben und verdeutlicht werden, sondern es soll eine Verbindung zu einem bestimmten Gefühl hergestellt werden.

Wiedergabe

Bei der Paraphrase geht es darum, das Aufgefasste in eigenen Worten wiederzugeben. Auch die Aussprache, der Sinn sowie der Text, der wiedergegeben werden soll, wird von der Person selber nach ihrem Verständnis wiedergegeben.

Tautologie

Die Tautologie betrifft eine Doppelung. Es geht darum, einen Begriff in unterschiedlichen Worten einzubauen und wiederzugeben. Gute Doppelungen sind demnach zum Beispiel „Angst und Bange" oder auch „ganz und gar".

Gegenkehr

Um Ironie als ein rhetorisches Mittel einzusetzen, bedarf es der Kunst, die eigentlich gemeinte Botschaft in das exakte Gegenteil umzuwandeln und durch die betonte Stimmlage klar darauf hinzuweisen. Um Ironie hervorzuheben, empfiehlt sich ein Verstellen der Stimmlage, ein Unterton oder nonverbale Signale.

Concessio

Concessio ist mit einem Zugeständnis gleichzusetzen. Es zielt darauf ab, Ihre Zuhörer mit einzubeziehen, sie eine Verbundenheit fühlen zu lassen. Oftmals nutzt der Redner dafür das Zugeständnis, dass das Argument seiner Gegenseite gewisse Vorteile hat. Direkt im Anschluss wird jedoch etwas dagegen argumentiert. Es hebt das Zugeständnis auf und veranschaulicht erneut seine Position.

Vorwand

Um eine gewisse Spannung im Vorfeld aufzubauen, eignet sich ein Vorgriff. Dieser dient auch dem Anschubsen in die gewünschte Richtung, in die die Rede verlaufen soll.

Praeteritio

Um Praeteritio als rhetorisches Mittel einsetzen zu können, ist es wichtig, die Bedeutung dieses Vorgehens zu verstehen. Es geht darum, bestimmte Punkte zu übergehen, um dafür andere hervorzuheben. Es geht darum, den Zuhörer auch darauf hinzuweisen, dass dieses Thema mit Absicht übergangen wird und somit das Interesse darauf zu lenken.

Gegensatz

Eine Antithese ist ein Gegensatz. Es geht darum, bestimmte Satzteile/Begriffe so gegenüberzustellen, dass diese sich im Grund widersprechen. Es soll die Zerrissenheit, Spannung und den Zwiespalt verdeutlichen.

Schwarze Rhetorik

Die schwarze Seite der Rhetorik verläuft auf der Manipulationsschiene. Es geht darum, Missverständnisse gezielt einzusetzen. Um das erzielte Ergebnis hervorzurufen, muss auf eine rhetorische und manipulative Taktik gegriffen werden.

Auch über andere Ansichten wird solange hinweggesprochen, bis die Gegenseite nachgibt und die eigene Meinung als richtig ansieht.

Sollten die Argumente alleine nicht ausreichen, ist diese Art der Manipulation empfehlenswert. Die Auseinandersetzung findet in diesem Fall nicht lösungsorientiert statt, jedoch ist dies auch nicht angestrebt.

Die Gesprächspartner werden bei der schwarzen Rhetorik ohne Rücksicht in die gewollte Richtung geleitet. Durch dieses dominante Verhalten behält der Anwender der schwarzen Rhetorik die Gesprächsführung. Diese Art der Gesprächsführung lehnt Höflichkeit, Fairness und Ehrlichkeit ab.

Verunsicherung

Die Phase der Verunsicherung findet in der sogenannten Killerphrase statt.

Diese Phase zielt auf eine Verunsicherung und Einschüchterung ab. Ihr Gesprächspartner wird durch diese Provokation aus der Reserve gelockt. Eine Erwiderung auf diese Provokationen ist jedoch mehr als schwierig. Um die Oberhand in dieser Situation zu behalten, ist ein klarer Kopf empfehlenswert. In dieser Phase einer Unterhaltung ist Schweigen Gold. Eine Argumentation kann nur sachlich erfolgen, um nicht auf das Niveau Ihres Gegners zu sinken. Ein gutes Mittel sind auch Gegenfragen. Diese rufen zumeist sachliche Aussagen hervor.

Vor allem eine Unterhaltung, in der Ihr Gegenüber Sie ständig unterbricht, kann auf eine Killerphrase hinweisen. Weisen Sie diese Unterbrechungen zurück. Auch Menschen, die immer überlegen scheinen, können mit gezielten Gegenfragen auf ihre Grenzen gewiesen werden. Die ständige Fragerei und erneute Wiedergabe lässt sich durch gezielte Gegenfragen über das nicht-Verstandene leicht beenden. Bleiben Sie, egal bei welcher Konfrontation, Reizung oder Provokation, sachlich. Nur so können Sie die Oberhand behalten.

Lebenserfahrung

Ihre Lebenserfahrung wird oft durch eine Kompetenz-Taktik in Frage gestellt. Hierbei versucht Ihr Gegenüber Ihnen das Gefühl zu geben, zum Beispiel durch Ihre fehlenden Lebensjahre keine Ahnung haben zu können. Er stellt Ihre Kompetenz auf dem Gebiet in Frage.

Unterbrechung

Um Sie aus dem Konzept zu bringen, versucht Ihr Gegenüber Sie so häufig wie möglich zu unterbrechen. Dies geschieht meist zur Tarnung als Nachfrage über das Gesagte oder als Nachfrage über die Quellen Ihres Wissens.

Pseudo-Wissenschaft

In der Wissenschaftstaktik geht es darum, mit dem Zitieren von Lehrmeinungen zu verunsichern. Dazu werden diese falsch wiedergegeben und das Gegenüber verunsichert. Auf die Nachfrage, ob diese Meinung bekannt ist, kann nur mit „nein“ geantwortet werden, denn diesen Lehrinhalt gibt es natürlich so nicht.

Nein

Auch eine beliebte Taktik ist die Nein-Taktik. Bei dieser verstellt sich Ihr Gegenüber als naiv und dumm. Es hinterfragt jede Argumentation und lässt durch die ständigen Wiederholungen keinen Freiraum für das eigentliche Thema.

Diffamieren

Eine verdeckte oder auch offensichtliche Beleidigung kann schnell aus dem Konzept bringen. Auch die verdeckte Schuldzuweisung, das Gefühl, das man Sie einfach nur falsch verstehen kann, wird dazu eingesetzt.

Das richtige Licht

Um das Gegenüber schlecht „dastehen" zu lassen, kann sich als Moralapostel aufgeführt werden. Die Ansichten sowie Worte und Meinungen des anderen werden in ein negatives Licht gerückt. So steht man selber besser da.

Großzügigkeit

Bei dieser Taktik geht es darum, Fakten und Zahlen kleinkariert darzustellen und diese auch als solches abzutun. Es fordert größeres Wissen und gründlichere Ausführungen, um das Gegenüber verunsichern zu können.

16

Checkliste – was Sie brauchen, um „das Spiel zu kontrollieren“

Im nachfolgenden Abschnitt finden Sie eine kurze aber selbsterklärende Checkliste, die Ihnen dabei hilft, manipulatorische Menschen zu erkennen, selbstreflexiv mit Situationen umzugehen sowie ein bestehendes Manipulationsspiel zu beherrschen. Bedenken Sie, dass Informationen nur demjenigen nutzen, der sie hat und anwendet.

- Seien Sie aufmerksam! Schenken Sie Ihren Mitmenschen und deren Signale sowie Handlungen und Äußerungen immer volle Aufmerksamkeit.

- Geben Sie keinen zu großen Vertrauensvorschuss an Menschen, die Sie nicht oder zu wenig kennen!
- Beobachten Sie Ihr Gegenüber genau, um Verhaltensweisen einzuschätzen.
- Lassen Sie sich nicht blenden!
- Übung macht den Meister! Das gilt auch bei der Manipulation, sowohl in der Anwendung wie auch in der Abwehr. Üben Sie deshalb so viel und so oft Sie können. Beobachten Sie dazu Menschen, ob im Café oder im Büro. Hinterfragen Sie jedes Verhalten.
- Setzen Sie sich mit Ihren eigenen Verhaltensweisen auseinander, um zu erkennen, welche Schwachstellen Sie haben, die sich ein Manipulator zunutze machen könnte.
- Beobachten Sie die Person, die Sie beeinflussen möchte oder die Sie beeinflussen wollen gezielt und nachhaltig, um Schwachstellen und Verhaltensweisen zu erkennen.
- Geben Sie nicht zu viel von sich Preis, insbesondere dann nicht, wenn Ihr Gegenüber sehr wenig über sich verrät und vertrauliche Informationen Ihnen gegenüber zurückhält
- Lassen Sie sich nicht überrumpeln, denn Manipulatoren führen häufig Blitzkriege, um an ihr Ziel zu kommen und schneiden Sie von wichtigen Informationen ab.
- Achten Sie darauf, dass Ihnen ausreichend Informationen zur Verfügung stehen, um Entscheidungen zu treffen, andernfalls ist die Gefahr einer Beeinflussung zu groß.
- Holen Sie sich Ihre eigenen unterbewussten Programmierungen ins Gedächtnis und hinterfragen Sie sie. Sollten Programmierungen einen negativen Einfluss auf Sie haben, dann lösen Sie sie auf und programmieren Sie sie, zum Beispiel mittels NLP, um.
- Achten Sie auf die Taten Ihres Gegenübers und lassen Sie sich bitte nicht von schönen Worten blenden. Taten sprechen mehr als Worte!

- Der Körper und die Körpersprache beinhalten viele wertvolle Indikatoren, über die tatsächlichen Gefühlswerte und Ambitionen Ihres Gegenübers. Die Körpersprache gezielt und vollumfänglich zu beherrschen, gelingt nicht mal dem besten Schauspieler. Ein Manipulator wird immer seine eigentlichen Motivationen, zum Beispiel in seiner Mimik, preisgeben. Sie müssen nur sehr genau auf die Nuancen achten.
- Setzen Sie klare Grenzen bei Ihrem Gegenüber und treten Sie selbstbewusst auf. Ein Nein ist und bleibt ein Nein.
- Bedenken Sie, dass Ihnen das detaillierte Wissen über Manipulationstechniken dabei hilft, das Zepter zu führen. Also frischen Sie Ihr Wissen immer wieder auf und bilden sich weiter.

17

Fazit

Die Fähigkeit, Menschen zu beeinflussen und den eigenen Standpunkt durchzusetzen, ist eine Kunst, die einige Menschen unterbewusst ganz natürlich im täglichen Leben anwenden. Sollten Sie zu den Personen gehören, die in diesem Zusammenspiel nicht über eine solche natürliche Gabe verfügen, so dürfen Sie beruhigt sein, denn durch etwas Übung und einer kritischen Auseinandersetzung mit psychologischen Komponenten sowie Manipulationstechniken können Sie ebenso erfolgreich Ihre Belange verteidigen und umsetzen, auch dann, wenn Menschen probieren, Sie an einigen Stellen in andere Richtungen zu lenken.

Wichtig ist es jedoch, sich mit dem Gegenüber und vor allem auch sich selbst auseinanderzusetzen. Hinterfragen Sie Ihre eigenen Stärken sowie Ihre Schwächen. Entwickeln Sie ein komplexes Augenmaß und einen Blick für die Psychologie, die Kommunikationswissenschaft sowie für körpersprachliche Signale. Beachten Sie, dass jeder Mensch immer in jeder Situation mit Ihnen kommuniziert, ob verbal oder nonverbal, ist in diesem Kontext unerheblich. Wichtig ist, dass Sie in der Lage sind, die Zeichen für sich zu deuten und Menschen zu identifizieren, die Sie entweder ausbremsen oder unterstützen können. Unterliegen Sie nie der

Annahme, dass Sie der Nabel der Weisheit sind! Lernen Sie kontinuierlich von Ihrem Gegenüber, am besten ohne, dass derjenige es bemerkt.

18

Bonus: Das Glück finden

Der Mensch sucht tagtäglich nach dem Glück. Ohne die erhoffte Glückseligkeit bleibt er unruhig, fühlt sich getrieben. Das ganze Leben dreht sich darum, das Glück zu finden. Doch wissen wir, wonach wir genau suchen? Wie zeichnet sich eigentlich Glück aus? Und wenn wir es gefunden haben, werden wir dann fähig sein, es zu behalten?

Glück ist ein gewünschter, erstrebenswerter Zustand in dieser Gesellschaft. Seit Anbeginn der Menschheit begleitet diese das Streben nach Glück, es gab keine Zeit, zu der dies nicht so gewesen ist.

Was bestimmt, wer Glück findet und wer nicht? Manchmal scheint es Schicksal zu sein. Dann kommt es einem so vor, als wenn nur Auserwählte das Glück finden, während der Rest der Menschheit suchend bleibt.

Hat man das Glück endlich als Gast in seinem Leben, dann mag es nur auf Durchreise zu sein und ist meist schnell wieder verschwunden. Glück lässt sich nicht einfangen, weder mit Schloss noch Riegel. Kann es sein, dass der Mensch einfach nicht dazu gemacht ist, glücklich zu sein?

Was Glück wirklich ist und ob es eine Chance auf dauerhaftes Glück gibt, erkläre ich Ihnen nun...

Was bedeutet Glück?

Es gibt viele verschiedene Auslegungen des Glücks. Letztendlich kommt es darauf an, was es für den Menschen selbst bedeutet. Auch Forscher bringen das subjektive Wohlbefinden mit Glück in Verbindung: dabei handelt es sich um ein wundervolles Lebensgefühl, das gerne verspürt wird und von einer Person selbst als Glück bezeichnet wird.

Bei der wissenschaftlichen Definition des Glücks findet auch das objektive Wohlbefinden Beachtung, zumindest wenn es darum geht, die Lebensqualität zu bemessen und zu vergleichen.

Die Forschung befasst sich mit den Spuren und dem wahren Sein des Glücks, was aktuell als Glücksforschung bezeichnet wird. Um eine objektive Messung zu Stande zu bekommen, befassen sich die Forscher mit repräsentativen Studien sowie empirischen Forschungsmethoden. Dabei werden Personen unter anderem nach ihrem persönlichen Glücksempfinden befragt. Ergebnisse sollen anzeigen, ab wann ein Mensch glücklich ist.

Wie lange, kann der Mensch glücklich sein?

Jeder Mensch hat sich wohl schon einmal vorgestellt, beim Lotto oder einem Rubbellos zu gewinnen und sich einfach mal ein teures Auto, neue Kleidung, ein neues Haus kaufen zu können. Sich wahren Luxus gönnen zu können und keine Geldsorgen mehr zu haben.

Mal ehrlich, haben auch Sie schon mal davon geträumt? Denken Sie, Sie wären glücklich, wenn Sie sich alles kaufen könnten? Eine gute und eine schlechte Nachricht warten auf Sie: Geld kann Menschen durchaus langfristig glücklicher machen, allerdings ist dies nur der Fall, wenn diese zuvor in finanziellen Nöten waren. Ansonsten hat der plötzliche Lottogewinn keine dauerhafte Glückswirkung. Menschen, die zwar nicht reich sind, doch denen es finanziell gut geht, passiert folgendes: Nach anfänglicher Euphorie baut sich das Glückslevel wieder ab, es pendelt sich also ein, zurück in den Zustand, den es vor dem Lottogewinn hatte.

Wie werden Menschen ein Leben lang glücklich?

Manche Mitmenschen scheinen das Glück anzuziehen, diese Sonntagskinder haben für alles ein Händchen und egal, was Sie sich vornehmen, es gelingt. Doch wie stellen sie das nur an?

Ein wirklich wichtiger Faktor ist die innerliche Einstellung. Sie leitet das Herangehen von Aufgaben und bestimmt den Tagesablauf. Durch eine positive, innere Einstellung kann man also einen Teil seines Glücklichseins beeinflussen. Niemand außer Ihnen selbst ist dafür verantwortlich, ob Sie lieber glücklich oder schlecht gelaunt sind. Sie entscheiden dies jeden Tag selbst. Um das subjektive Wohlbefinden eines Menschen zu beeinflussen kommen noch ganz andere Faktoren hinzu. Ihre Gene und Ihre Umwelt haben ebenfalls einen großen Einfluss auf Ihr Glück. Die Erbanlagen spielen also eine Rolle für Ihr Glücksempfinden. Glückspilze geben ihr hohes Glückslevel also automatisch an ihre Nachkommen weiter. Doch keine Sorge, nicht nur Menschen mit guten Genen können glücklich sein, Sie können trotz nachteiliger Erbanlagen lernen, Ihr Glückslevel zu steigern und Ihr Glück aktiv zu gestalten. Menschen mit guten Genen haben es schlichtweg einfacher, glücklich zu sein.

Glückslevel steigern

Lächeln Sie sich Ihr Glück

Lächeln Sie. Durch das (wenn auch künstliche) Lächeln oder Lachen wird die Muskulatur Ihres Kiefers bewegt. Die Anhebung dieser Muskeln löst aus, dass ein Botenstoff an das Gehirn gesendet wird, was wiederum Glückshormone freisetzt.

Schlaf, der Weg zum Glück

Ohne Schlaf kann der Mensch nicht existieren. Der Körper und der Geist brauchen diese Erholungspause. Schlafmangel kann zu ernsthaften Erkrankungen führen. Schlafen Sie also ausreichend und gönnen Sie sich

Pausen, damit Sie die besten Voraussetzungen schaffen, um glücklich zu sein.

Schreiben Sie Ihre positiven Gedanken auf

Dankbarkeit ist eines der schönsten Gefühle. Doch wie lernt man, dankbar zu sein? Nehmen Sie sich einen Zettel und einen Stift, vielleicht auch ein Tagebuch zur Hand. Schreiben Sie jeden Tag mindestens drei Zeilen darüber, was Sie an diesem Tag dankbar gemacht hat. Nach einiger Zeit werden Sie ein dankbarerer Mensch sein.

Ziele setzen

Antrieb ist die Wunderwaffe des Menschen. Zumeist erhalten Menschen ihren Antrieb aus ihren eigenen Zielen. Versuchen Sie es: setzen Sie sich kleine erreichbare Ziele und steigern Sie diese. Die Ziele sollten erreichbar, aber auch herausfordernd sein. Ihr Tagesablauf wird durch ganz neue Energie beeinflusst.

Positive Affirmationen

Positive Affirmationen sind bejahende Glaubenssätze sich selbst gegenüber. Wenn Sie sich täglich solche Affirmationen laut vorsagen, hat dies eine erhebliche Wirkung auf Ihr Unterbewusstsein. Nach einer gewissen Zeit verankern sich diese positiven Sätze in Ihnen, Sie glauben und fühlen sie also wirklich. Damit dies jedoch funktioniert, ist es wichtig, dass Sie sich nicht bewusst oder unbewusst gegen die Affirmationen sträuben. Deshalb sollten diese „glaubhaft" sein, Sie sollten sich also mit diesen anfreunden. Wenn Sie beispielsweise schwer krank sind und sich sagen „ich bin ganz und gar gesund", wird das Ihr Unterbewusstsein ablehnen, egal wie oft Sie es sich vorsagen. Sagen Sie stattdessen „mir geht es schon besser", das wird eine positive Wirkung haben, denn Ihr Unterbewusstsein wird sich nicht dagegen sträuben.

Nicht immer Ja sagen

Hilfsbereitschaft ist eine gute Eigenschaft, jedoch ist es auch wichtig, dass Sie nicht vergessen, zuerst auf Ihr eigenes Befinden zu schauen. Wenn Sie sich nach Ruhe sehnen, nehmen Sie sich diese. Sagen Sie auch einmal Nein zu Hilfsanfragen.

Locker bleiben

Bevor Sie sich in eine stressige Situation bringen, schauen Sie genau, welche Form von Stress dort auf Sie wartet. Positiver Stress oder negativer? Während der eine einem Kraft gibt, einen anheizt und fördert, bringt der negative Stress nichts Gutes mit sich. Depressionen, Angstzustände und das Gefühl zu versagen treten häufig ein, wenn man dauerhaft negativem Stress ausgesetzt ist. Gesunder Stress darf in Maßen gerne genutzt werden. Doch negativer Stress sollte stets vermieden werden.

Hobbys erhalten und neue finden

Hobbys machen Spaß, Spaß fördert die Glückshormone. Umso wichtiger ist es, vor allem nach stressigen Arbeitstagen, sich nach Feierabend seinem Hobby zu widmen. Holen Sie sich vor dem Schlafen oder nach einer stressigen Zeit immer etwas Entspannung durch Spaß.

Tagebuch

Überlegen Sie sich, was Ihre schönsten Erlebnisse und Momente sind und bringen Sie diese zu Papier. So können Sie in schlechteren Zeiten immer darin lesen und sich das Glücksgefühl zurückholen. Das Gehirn ist nicht nur fähig, Gerüche oder Texte zu speichern, sondern es kann sich auch an Gefühle genau erinnern und diese abrufen.

Vergeben, Vergessen, Verzeihen

Vergebung spielt auch in alten Geschichten eine große Rolle. Wie groß die Rolle der Vergebung ist, wird vor allem im Hinblick auf die Gesundheit eines Menschen bewusst. Der Ballast des Ärgers, Grolls und der Wut legen sich wie ein „Stress-Mantel" auf die Psyche und schwächen das Glücksgefühl. Versuchen Sie es mit der Wortlaut-Methode: sprechen Sie laut und deutlich aus, was Sie wem vergeben möchten und warum. Schämen Sie sich nicht, wenn Tränen, Trauer und Wut aufkommen, sondern lassen Sie alle Gefühle zu. Führen Sie diese Übung am besten durch, wenn Sie alleine sind und es keine Störfaktoren gibt.

Mit einem Gefühlswandel sind immer Emotionen verbunden, lassen Sie ihnen also freien Lauf und schaffen Sie sich neuen Platz in Ihrem Herzen, indem Sie von altem Groll, egal ob gegen sich selbst oder andere, endlich ablassen.

Danke

Ich bedanke mich bei Ihnen herzlich für Ihr Interesse an meinem Buch und hoffe, dass es Ihnen gefallen hat.

Viel Erfolg und Alles Gute für Sie,
Ihr Michael Bergmeier

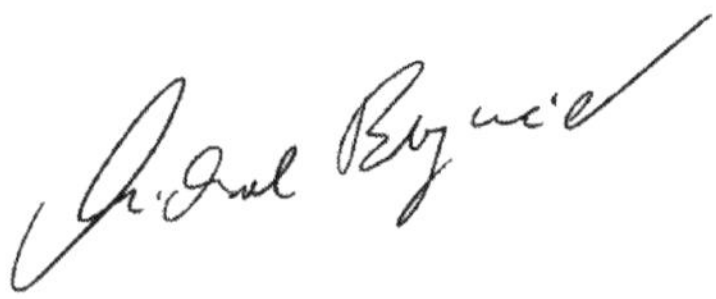

Ich freue mich über Ihr Feedback

Für mich ist es sehr wichtig, Feedback zu meinem Buch zu bekommen. Wenn Sie Anregungen oder Verbesserungsvorschläge haben, so schreiben Sie mir doch bitte eine Mail an: *info@virtuoso-verlag.de* bevor Sie eine schlechte Bewertung abgeben. Ich freue mich sehr über konstruktive Kritik. Da es mich viel Zeit und Energie gekostet hat, dieses Buch zu erstellen, wäre ich Ihnen sehr dankbar, wenn Sie mir anstelle einer schlechten Bewertung Ihre Verbesserungsvorschläge persönlich zukommen lassen. Denn dann hätte ich eine Chance, Ihre Kritik anzunehmen und mein Buch zu verbessern.

Über eine Rückmeldung in Form einer Rezension auf Amazon würde ich mich ebenfalls sehr freuen. Diese können Sie wie folgt erstellen: Besuchen Sie auf Amazon.de die Produktseite des Artikels, für den Sie eine Rezension erstellen möchten. Klicken Sie unter Kundenrezensionen auf „Kundenrezension verfassen“. Bewerten Sie den Artikel und verfassen Ihre Rezension.

Alternativ können Sie diesen Link benutzen, der Sie direkt auf die Seite leitet, auf der bestellte Produkte zu bewerten sind. Der Link ist verschlüsselt und sicher:

https://virtuoso-verlag.de/Amazon Bewertung

Über den Autor

Michael Bergmeier ist ein erfolgreicher Unternehmer, der sein Hobby, das Schreiben, zum Beruf gemacht hat. Er widmet sich regelmäßig den Themen der „Psychologie & Karriere“ für den Verlag VIRTUOSO.

Michael verfügt über einen großen Erfahrungsschatz im Management sowie im Umgang mit Menschen. Er war über 5 Jahre als Ausbilder tätig und hat ein besonders gutes Gespür dafür, junge Menschen zu motivieren. Mit viel Empathie und Geschick treibt er andere regelmäßig zu Höchstleistungen an. Seine Mitarbeiter schätzen ihn vor allem für seine souveräne Art zu führen, sein fachliches Know-how und seinen Humor.

Der fokussierte Autor widmet sich seit über 15 Jahren der Persönlichkeitsentwicklung und psychologischen Themen, wie zum Beispiel der Manipulation oder dem Lernen. Die bewährten Methoden und cleveren Techniken, die der Autor in seinen Büchern vorstellt, wendet er alle selbst an, um seine Ziele noch schneller zu erreichen.

Michael lebt mit seiner Familie in der Alpenregion und geht in seiner Freizeit gerne wandern. „Beim Bergsteigen kriege ich meinen Kopf frei und tanke neue Kraft, die ich im Job gut gebrauchen kann“, verrät der Autor. Er bleibt stets auf der Erfolgsspur, liebt neue Herausforderungen und weiß, sich selbst zu motivieren.

Lassen auch Sie sich von seinen Büchern inspirieren und holen sich noch jetzt seine Ratgeber, damit Sie ab sofort Ihre persönlichen wie beruflichen Ziele erreichen.

Haftungsausschluss

Der Autor übernimmt keinerlei Gewähr für die Aktualität, Korrektheit, Vollständigkeit oder Qualität der bereitgestellten Informationen und weiteren Informationen. Haftungsansprüche gegen den Autor, welche sich auf Schäden materieller oder ideeller Art beziehen, die durch die Nutzung oder Nichtnutzung der dargebotenen Informationen bzw. durch die Nutzung fehlerhafter und unvollständiger Informationen verursacht wurden, sind grundsätzlich ausgeschlossen, sofern seitens des Autors kein nachweislich vorsätzliches oder grob fahrlässiges Verschulden vorliegt. Alle Angaben wurden vom Autor mit größter Sorgfalt und nach bestem Wissen und Gewissen recherchiert oder spiegeln seine eigene Meinung wider. Der Inhalt des Buches passt möglicherweise nicht zu jedem Leser und die Umsetzung erfolgt ausdrücklich auf eigenes Risiko. Es gibt keine Garantie dafür, dass alles genau so, bei jedem Leser, zu genau den gleichen Ergebnissen führt. Der Autor und/oder Herausgeber kann für etwaige Schäden jedweder Art aus keinem Rechtsgrund eine Haftung übernehmen.

Urheberrecht

Impressum

Michael Bergmeier

VIRTUOSO
books and more

1. Auflage 2020

Kontakt:

"Virtuoso"

Athina Crane

Mittenwalder Str. 5A

82467 Garmisch-Partenkirchen

info@virtuoso-verlag.de

Covergestaltung: Wolkenart – Marie-Katharina Becker, www.wolkenart.com
Bilder: M. F.

Printed in Germany
by Amazon Distribution
GmbH, Leipzig

21871939R00070